本书受中南财经政法大学出版基金资助

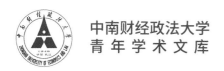

中南财经政法大学
青年学术文库

赵艳秉○著

Financial Restatement, Audit Quality and Spillover Effects

财务重述、审计质量与溢出效应

中国社会科学出版社

图书在版编目（CIP）数据

财务重述、审计质量与溢出效应／赵艳秉著.—北京：
中国社会科学出版社，2018.8
（中南财经政法大学青年学术文库）
ISBN 978 - 7 - 5203 - 2506 - 6

Ⅰ.①财…　Ⅱ.①赵…　Ⅲ.①上市公司—财务
管理—研究—中国　Ⅳ.①F279.246

中国版本图书馆 CIP 数据核字（2018）第 103403 号

出 版 人	赵剑英
责任编辑	徐沐熙
特约编辑	王 爽
责任校对	李玉洁
责任印制	戴 宽

出　　版	中国社会科学出版社
社　　址	北京鼓楼西大街甲 158 号
邮　　编	100720
网　　址	http://www.csspw.cn
发 行 部	010 - 84083685
门 市 部	010 - 84029450
经　　销	新华书店及其他书店

印刷装订	北京君升印刷有限公司
版　　次	2018 年 8 月第 1 版
印　　次	2018 年 8 月第 1 次印刷

开　　本	710 × 1000　1/16
印　　张	11.5
插　　页	2
字　　数	145 千字
定　　价	38.00 元

凡购买中国社会科学出版社图书，如有质量问题请与本社营销中心联系调换
电话:010 - 84083683

前　言

公司财务报告作为上市公司对外披露信息的重要媒介，是投资者了解企业财务状况、经营成果的重要途径。高质量的财务信息为投资者决策和现代资本市场健康运转提供依据，审计师通过审计意见和高质量的审计报告对上市公司财务报告提供质量保障。近年来，我国上市公司频繁对以前已发布的财务报告进行补充更正，即进行财务重述。财务重述不仅表明企业历史财务报告不真实或者不全面，是低质量的财务报告，同时说明审计报告质量低，因此会造成公司市场价值损失、资本成本上升、所在行业声誉下降等负面影响。随着我国财务重述制度和审计制度的发展和成熟，我国上市公司财务重述现象有所减弱，但近两年又开始出现上升趋势。为此我们提出以下问题：（1）为何重述公司财务报告和审计报告都是低质量？（2）公司财务重述是否可以提高之后的审计质量？我国要求公司用追溯重述法更正前期重要会计差错并进行披露的重述制度，是否有助于提高审计质量？（3）财务重述在集团内是否具有溢出效应，该溢出效应是否与审计质量有关？对这些问题的回答可以剖析审计质量与公司财务重述之间的相互作用机理，以寻求财务重述高发的解决途径，为政府制定政策提供理论依据。

在第 4 章中，以我国 2001—2014 年 A 股主板上市的重述公司为样本，研究了重述公司被重述年的审计质量。研究结论显示：

（1）我国重述公司在被重述年财务报表的瑕疵已然被审计师发现，但由于当年管理层的盈余管理幅度在一定范围内并存在审计意见购买交易而没有被公告；（2）重述公司在被重述年主要通过变更审计师和提高现任审计师审计费用来实现购买审计意见目的；（3）基于声誉理论和诉讼成本理论，现有研究认为"事务所规模与审计质量正相关"，而我国审计市场属于高度竞争型，事务所规模与审计质量之间没有显著正相关；（4）我国审计市场竞争激烈，审计费用是事务所规模和公司议价能力博弈的结果。面对议价能力强的重要客户，事务所为了挽留客户，不得不降低审计费用，但并不会为此而降低审计质量；而由于审计意见购买交易的存在，我国审计市场也显示出"审计费用增加，审计质量下降"的现象。

第5章，研究了公司财务重述后的审计质量。公司财务报表重述会严重打击投资者对公司管理层的信心，给公司声誉带来负面影响，降低公司市场价值。审计意见类型在一定程度上可以反映公司财务报表的会计信息质量。发生财务报表重述的公司为了挽回财务重述给公司带来的不良市场反应，往往会通过采取不正当手段来获取"清洁"的审计意见。研究发现：（1）财务重述后公司管理层确实存在审计意见购买动机，并成功达到了购买审计意见的目的；（2）随着我国审计制度的规范和监管力度的强化，这种审计意见购买交易呈现减弱趋势；（3）投资者对公司管理层审计意见购买行为的信号具有敏感性，其中对变更审计师和变更事务所最为敏感，对增加现任审计师审计费用的敏感性较弱；（4）公司财务重述公告后购买审计意见的方式中，主要是提高现任审计师审计费用，这种较为隐蔽的方式确实可以使财务重述公司管理层达到购买审计意见目的，并顺利逃过监管部门和投资者的眼睛。

第6章，主要研究了公司财务重述在集团内的溢出效应。基于信号传递理论，公司财务重述不仅对公司自身产生经济后果，其向市场传递出的不诚信信号还会影响与重述公司有关的其他公司。集团内公司受同一控制人控制，公司间联系比较紧密。当集团内一个公司发生财务重述，投资者是否会对同一集团内的其他公司产生质疑。本章我们以集团公司为样本研究发现：（1）公司财务报表重述在集团内部具有负溢出效应；（2）该溢出效应受重述公司重述特征、聘请的审计事务所规模、公司集团的控制人性质和审计方式的影响。具体而言：重述公告的严重滞后、重述内容涉及盈余调整均会加强这种溢出效应；重述公司经四大审计、公司集团采用联合审计方式也会加强这种溢出效应；相对于非政府控制集团而言，重述在政府控制的集团内的溢出效应更强。

第7章，主要研究了公司财务重述在集团内溢出效应对审计质量的影响。我们研究了重述集团内重述公司和关联公司重述公告年和公告后一年的审计质量。研究发现：（1）公司发生重述公告，对集团内关联公司具有"警示"作用，重述公告后一年在重述公司关联公司管理层会降低公司盈余管理幅度；审计师为重述关联公司出具的审计意见更保守。（2）重述关联公司在重述公告后一年的审计质量高于重述公告年，集团内公司重述有助于提高关联公司的审计质量。（3）政府控制的集团内公司重述对关联公司审计质量具有较强的积极作用，非政府控制集团无显著影响。（4）公司采用独立审计方式，有助于增强集团内公司重述对提高关联公司审计质量的积极作用。

以上研究从不同维度回答了前面提出的问题，最后，根据研究结论，本书从审计监管力度、审计环境、审计信息披露、会计师事务所监督等方面提出了政策建议。

赵艳秉

2017 年 7 月

目　　录

第1章　财务重述概述 ……………………………………………（1）

第一节　财务重述的内涵 ………………………………………（1）

第二节　我国财务重述现状及制度背景 ………………………（2）

第三节　财务重述文献回顾 ……………………………………（11）

　　一　财务重述的动因研究 …………………………………（11）

　　二　财务重述的经济后果研究 ……………………………（15）

　　三　财务重述的溢出效应研究 ……………………………（17）

第2章　审计质量概述 ……………………………………………（19）

第一节　审计质量的内涵 ………………………………………（19）

　　一　审计质量 ………………………………………………（19）

　　二　审计意见购买 …………………………………………（20）

第二节　我国审计市场现状及制度背景 ………………………（21）

第三节　审计质量文献回顾 ……………………………………（22）

　　一　审计质量度量 …………………………………………（22）

　　二　审计意见购买 …………………………………………（29）

　　三　审计监管效果 …………………………………………（33）

第四节　审计质量与财务重述 …………………………………（36）

　　一　审计质量与财务重述 …………………………………（36）

二　审计意见与财务重述 ……………………………………（36）

第五节　本章小结 ………………………………………………（37）

第3章　理论分析 ……………………………………………（40）

第一节　理论基础 ………………………………………………（40）

一　委托代理理论 ………………………………………………（40）

二　不完全契约理论 ……………………………………………（41）

三　信号传递理论 ………………………………………………（42）

第二节　理论框架 ………………………………………………（43）

第4章　公司财务重述年的审计质量 …………………………（46）

第一节　理论分析与研究假设 …………………………………（46）

第二节　研究设计与样本选取 …………………………………（50）

一　变量定义与说明 ……………………………………………（50）

二　基本模型 ……………………………………………………（53）

三　数据来源及样本选取 ………………………………………（55）

第三节　实证结果与分析 ………………………………………（56）

一　样本描述性统计 ……………………………………………（56）

二　单变量检验 …………………………………………………（64）

三　实证结果 ……………………………………………………（65）

四　内生性控制 …………………………………………………（72）

五　稳健性检验 …………………………………………………（80）

第四节　本章小结 ………………………………………………（82）

第5章　公司财务重述后的审计质量 …………………………（83）

第一节　理论分析与研究假设 …………………………………（83）

第二节　研究设计与样本选择 ·················· （86）

　　一　变量定义与说明 ·················· （86）

　　二　基本模型 ····················· （87）

　　三　数据来源及样本选取 ··············· （88）

第三节　实证结果与分析 ················· （88）

　　一　描述性统计 ···················· （88）

　　二　单变量检验 ···················· （93）

　　三　实证结果 ····················· （94）

　　四　内生性控制 ···················· （98）

　　五　稳健性检验 ··················· （103）

第四节　本章小结 ··················· （103）

第6章　财务重述在集团内的经济溢出效应 ·············· （105）

第一节　理论分析与研究假设 ··············· （105）

第二节　研究设计与样本选取 ··············· （109）

　　一　变量定义与说明 ················· （109）

　　二　基本模型 ···················· （111）

　　三　数据来源及样本选取 ·············· （112）

第三节　实证结果与分析 ················ （112）

　　一　描述性统计 ··················· （112）

　　二　单变量检验 ··················· （113）

　　三　实证结果 ···················· （115）

　　四　内生性控制 ··················· （119）

　　五　稳健性检验 ··················· （119）

第四节　本章小结 ··················· （122）

第 7 章　财务重述在集团内的审计质量溢出效应……………（123）

第一节　理论分析与研究假设………………………（123）

第二节　研究设计与样本选取………………………（125）

　　一　变量定义与说明………………………………（125）

　　二　基本模型………………………………………（126）

　　三　数据来源及样本选取…………………………（127）

第三节　实证结果与分析……………………………（128）

　　一　样本描述性统计………………………………（128）

　　二　单变量检验……………………………………（129）

　　三　实证结果………………………………………（131）

　　四　进一步检验……………………………………（133）

　　五　内生性控制……………………………………（135）

　　六　稳健性检验……………………………………（137）

第四节　本章小结……………………………………（138）

第 8 章　研究总结与政策建议………………………（139）

第一节　研究总结……………………………………（139）

第二节　政策建议……………………………………（141）

第三节　研究展望……………………………………（144）

主要参考文献……………………………………………（145）

第1章

财务重述概述

第一节　财务重述的内涵

"财务重述"（Financial Restatements）的定义最早源于美国。1971 年，美国会计原则委员会（Accounting Principles Board，APB）发布的 NO. 20 意见书《会计变更》中，定义"财务重述"为："纠正前期财务报告中的错误并重新表述以前披露的财务报告"；2005年，财务会计准则委员会（Financial Accounting Standards Board，FASB）发布的 NO. 154 意见书中重新定义"财务重述"为"修正以前发布的财务报告中的错报"。还有美国审计总署（GAO）2002年发布的"财务报表重述：趋势、市场反应、监管应对及持续挑战"（Financial Statement Restatements：Trends，Market impacts，Regulatory responses and Remaining challenges）中认为"财务报表重述"应该表述为"Financial Statement Restatements"，是"由于上市公司公布的财务报表中存在差错，后期公司管理层自发或应审计师、监管部门的要求而对以前披露的财务报表进行更正的行为"。Richardson and Scholz（2004）认为"财务重述"应为："对提交给证券交易委员会（SEC）的财务报告中不符合 GAAP 的内容进行更正的行为。"

我国学者王啸等（2003）首次比较了美国财务重述体系与我国会计差错更正体系，并引入了"财务重述"概念。此后，"财务重述"概念在我国学术界才开始逐渐被使用。王毅辉与魏志华（2008）将"财务重述"定义为"财务重述是对存在错误或误导性信息的历史财务报告进行事后补救的公告行为"。魏志华等（2009）又将"财务重述"界定为："上市公司因先前发布的财务报告存在错误或误导性信息而导致财务报告重新表述。"王萍（2011）从对象范围上将重述公告为广义和狭义两种，广义的财务重述公告是指"企业作出的关于企业本年度或以前年度已披露财务报告的修正或公告说明，既包含对财务数据的修正，又包含对财务报告中非财务信息的修正"；狭义的财务重述公告是指"当已披露财务报告存在重大差错，或者因会计政策、会计估计发生变更，需要对以前年度财务报告进行追溯调整时，对以前期间财务报告中所含数据的更正"。

综上所述，财务报告重述是指，公司披露的财务报告中存在错误、遗漏或者虚假信息，公司管理层后期自愿或应审计师、外部监管部门等的要求，对曾经披露的财务报告中存在的错误、遗漏或虚假信息进行更正、补充或解释并重新表述的行为。

第二节　我国财务重述现状及制度背景

财务信息是公司按照规定的会计制度、法规、方法和程序，通过对会计信息的加工而形成的有助于决策使用的信息。公司主要通过财务报告把财务信息传递给信息使用者，而信息使用者通过从财务报告中获取的财务信息进行决策。可见，财务报告传递的财务信息是降低资本市场上公司内外部（如公司管理层和投资者）之间信息不对称、降低交易成本、保证市场效率和公平的关键因素。如果公司定期通过财务报告对外提供与投资者决策有关的真实可靠的财务信息，那么公司的财务报告就是高质量的；否则，就是低质量的。审计师作为独立的第三方，通过提供审计意见及审计报告，为被审计公司披露的财务报告质量提供保障。公司财务报告重述是指，公司披露的财务报告中存在错误、遗漏或者虚假信息，公司管理层后期自愿或应审计师、外部监管部门等的要求，对曾经披露的财务报告中存在的错误、遗漏或虚假信息进行更正、补充或解释并重新表述的行为。显然，公司发布财务报告重述公告，不仅说明财务报告质量低，同时说明审计报告质量低。

现有文献表明，国内外公司财务重述现象日益严重。如美国会计总署（GAO）2006 年发布的研究显示，1997 年美国财务重述的公司仅 83 家，占全部公司总数的 0.9%，2005 年就达到 439 家，比重高达 6.8%；Scholz（2008）分析了 1997—2006 年的 6633 份财务重述公告发现，1997—2006 年美国财务重述公司总数增加了近 18%，主要是因为非上市公司财务重述现象日益加剧。1997 年所有 90 家财务重述公司中非上市公司仅占 23%，而 2006 年就占到 1557 家重述公司的 62%。财务重述形势在我国也不容乐观，魏志华等（2009）收集了 1999—2007 年 1368 家公司发布的 1435 份重述公告，整理分析后发现，重述公司数大约占我国 A 股上市公司总数的 13.5%。本书查阅了国泰安数据库公告资讯 – 上市公司公告 – 定期报告 – 定期报告补充、更正栏目，以沪深两市 A 股主板上市非金融公司为样本，选取从 2001 年 1 月 1 日至 2014 年 12 月 31 日公布会计差错更正公告的上市公司为研究对象，通过对重述公司总数、重述频数、重述公告滞后期、重述内容等进行细分，统计并分析了我国上市公司财务重述的发展趋势，也为全面了解我国上市公司财务重述现象提供了证据。

（一）财务重述公司的数量特征

表1-1列示了从2001年1月1日至2014年12月31日我国A股主板上市非金融类公司财务重述的分布情况。从表1-1中可以看出，2002—2006年是我国A股主板上市公司财务重述的高发时期，重述率最高达到32.56%，而且呈不断上行趋势。由于受到《关于进一步提高上市公司财务信息披露质量的通知》的影响，我国A股主板上市公司财务重述率在2005年产生大幅波动，由2004年的19.25%增加到2005年的22.56%。从图1-1可以看到，值得庆幸的是，从2007年开始，我国A股主板上市非金融公司的财务重述率开始逐年递减。可见，2006年修订的《会计准则》和《审计准则》，对我国的财务重述现象起到了显著缓解作用。总体而言，随着财务重述制度和审计制度的逐步完善，我国A股的财务重述现象正在向好的趋势发展，重述比率在逐年下降，特别是在2010年以后，基本表现为个位数。但在2013—2014年，有开始呈现小幅增加趋势。图1-2列示了深沪两市的比较情况，深市主板上市

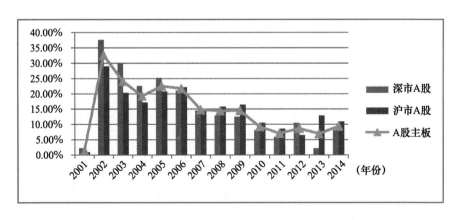

图1-1 分年度重述公司占主板上市公司比例图

表 1-1　各年度主板重述公司数量分布表

年份	深市 A 股			沪市 A 股			全部 A 股		
	重述公司数	上市公司数	比重	重述公司数	上市公司数	比重	重述公司数	上市公司数	比重
2001	11	500	2.20%	6	640	0.94%	17	1140	1.49%
2002	186	494	37.65%	206	710	29.01%	392	1204	32.56%
2003	147	492	29.88%	158	775	20.39%	305	1267	24.07%
2004	119	527	22.58%	142	829	17.13%	261	1356	19.25%
2005	134	531	25.24%	171	821	20.83%	305	1352	22.56%
2006	126	596	21.14%	186	839	22.17%	312	1435	21.74%
2007	101	696	14.51%	128	853	15.01%	229	1549	14.78%
2008	96	748	12.83%	135	855	15.79%	231	1603	14.41%
2009	104	831	12.52%	142	863	16.45%	246	1694	14.52%
2010	83	1027	8.08%	94	892	10.54%	177	1919	9.22%
2011	66	1124	5.87%	79	924	8.55%	145	2048	7.08%
2012	122	1171	10.42%	61	944	6.46%	183	2115	8.65%
2013	26	1186	2.19%	122	950	12.84%	148	2136	6.93%
2014	98	1208	8.11%	110	1005	10.95%	208	2213	9.40%

* 数据来源：国泰安数据服务中心 CSMAR 系列数据库，经作者整理得出。

公司重述率在 14 年内的均值和波动都比沪市大，表明深市的财务报告信息质量低于沪市。

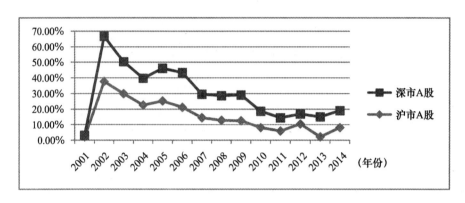

图1-2 沪深两市重述公司分别占两市主板上市公司的比例

（二）财务重述公司的频数特征

从表 1-2 中可以看出，在 2001—2014 年发布年报补充或更正公告的上市公司中，只发生过 1 次财务重述的公司占 87.27%，发生过 2 次及 2 次以上财务重述的公司占 12.73%。这说明，87.27% 的公司过去的财务报告只有某一个年度存在瑕疵，所以只进行了一次重述；但以后是因为这类瑕疵不再发生从而没有再引起财务报告重述，还是管理层采取了其他措施避免公司再次发生财务重述，目前本书尚不得而知。

表1-2 财务报告重述频数分布表

重述次数	1 次	2 次	3 次	4 次及以上	总数
重述公司数（家）	2757	368	33	1	3159
所占比重	87.27%	11.65%	1.04%	0.04%	100%

注：1. 数据为作者手工收集和整理得出。

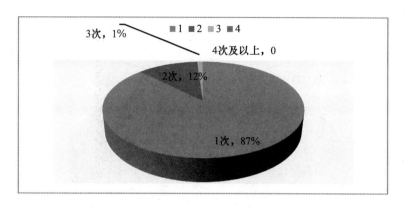

图 1-3　财务报告重述频数分布

（三）财务重述公告的滞后期

财务重述公告中有一部分是对当年度会计差错的更正，如果这类更正比较及时，造成的市场影响往往不大；还有一部分是对上一年度（T-1）或者以往年度的会计差错进行更正，这类财务重述报告往往因为重要会计指标有误而进行重述，而且由于时间跨度较大，给资本市场带来严重损害。从表 1-3 中可以看出，我国财务重述公告的滞后现象比较严重，仅有 2.88% 的公司是对当年度的会计差错进行更正，而有 42.17% 和 44.63% 的公司是对上年度和上上年度的年报进行补充更正，还有将近 10% 的公司对 3 年以前的年报进行更正，甚至还有一小部分公司对 5 年前的年报进行更正。

表 1-3　　　　　　　　财务报告重述滞后期分布表

滞后期	T	T-1	T-2	T-3	T-4	（T-5）及以上
重述公司数（家）	91	1332	1410	216	63	47
所占比重	2.88%	42.17%	44.63%	6.84%	1.99%	1.49%

注：1. 数据为作者手工收集和整理得出；2. 表中 T 是指针对当年的年报内容进行重述；T-1 是指对上一年度的年报内容进行重述；T-2 是指对两年前的年报内容进行重述；T-3 是指对三年前的年报内容进行重述；T-4 是指对四年前的年报内容进行重述；（T-5）是指对五年前或更久远的年报内容进行重述。

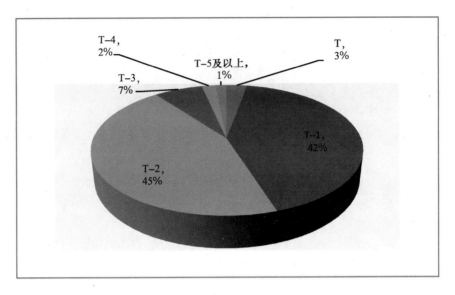

图1-4　财务报告重述滞后期分布

（四）财务重述公告的内容特征

本书将上市公司重述公告中涉及的重述内容分为三类：第一类为由于笔误、计算错误等造成的重述；第二类为由于财务人员对会计准则的理解有误或者应用有误而造成的重述（这两类重述均不涉及利润调整）；第三类重述主要涉及利润调整。从表1-4可以看到，2001—2014年，3159家重述公司中涉及利润调整的重述公司比例高达74.83%，也就是说，近3/4的公司重述与盈余调整有关。从2001—2014年的趋势来看，重述内容涉及利润调整的比例趋于下行趋势，尤其是2013年和2014年明显下降，说明随着监管力度的加强，我国财务报告的质量在逐步提升。从表1-4中可以看出，重述内容涉及准则理解偏差的比例呈波动上升趋势。2007年、2008年出现了小波动，主要是由于财务人员对2006年调整的新准则理解不到位。本书还注意到，2012—2014年由于准则理解偏差导致的重述又出现明显上升趋势，这应该是与2011年1月1日起正式施行的《中华人民共和国国家审计准则》有关。由此可见，应大力加强我国财会人员的教育和培训，通过深入理解准则和相关规定，逐步提高他们的整体素质。

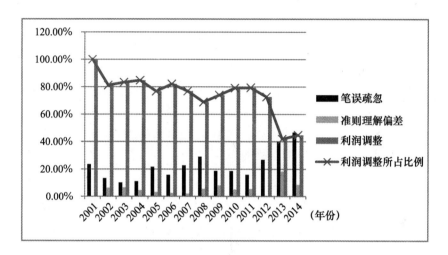

图1-5 财务报告重述内容分布

表1-4   **各年度主板重述公司重述内容分布表**   单位：家

年份	重述公司总数	笔误疏忽		准则理解偏差		涉及利润调整	
		重述公司数	所占比重	重述公司数	所占比重	重述公司数	所占比重
2001	17	4	23.53%	0	0.00%	17	100.00%
2002	392	52	13.27%	25	6.38%	318	81.12%
2003	305	31	10.16%	20	6.56%	254	83.28%
2004	261	29	11.11%	12	4.60%	221	84.67%
2005	305	66	21.64%	10	3.28%	234	76.72%
2006	312	49	15.71%	8	2.56%	256	82.05%
2007	229	52	22.71%	5	2.18%	176	76.86%
2008	231	67	29.00%	13	5.63%	159	68.83%
2009	246	46	18.70%	20	8.13%	182	73.98%
2010	177	33	18.64%	9	5.08%	140	79.10%
2011	145	23	15.86%	8	5.52%	115	79.31%
2012	183	49	26.78%	1	0.55%	133	72.68%

续表

年份	重述公司总数	笔误疏忽		准则理解偏差		涉及利润调整	
		重述公司数	所占比重	重述公司数	所占比重	重述公司数	所占比重
2013	148	59	39.86%	27	18.24%	62	41.89%
2014	208	97	46.63%	18	8.65%	93	44.71%
重述公司数	3159	657	20.80%	176	5.57%	2364	74.83%

注：有些重述公告同时涉及笔误疏忽、准则理解偏差和利润调整；本数据源于国泰安数据服务中心 CSMAR 系列数据库，经作者整理得出。

面对上市公司财务重述高发的现状，我国政府一直非常关注并制定和发布了一系列财务重述政策。如表 1-5 所示：

表 1-5　　　　　　　　我国财务重述制度的发展

重述制度	颁布日期	制度关键内容	经济后果
《企业会计准则——会计政策、会计估计变更和会计差错更正》	1998.06	首次提出会计差错的概念，对会计估计变更和因会计估计变更而产生的差错不需要追溯调整，只调整当期利润	会计估计成为公司调整年度利润的主要手段
修订《企业会计准则——会计政策、会计估计变更及会计差错更正》	2001.01	规定公司对"滥用会计政策、会计估计及其变更"作为重大会计差错予以更正	约束了公司转移年度间利润的行为
《公开发行的企业信息披露编报规则》	2003.12	规定公司需以"重大事项临时公告"的方式公告财务报告中存在的重大会计差错，并及时披露更正后的信息	我国财务重述率第一次进入下降趋势
《企业会计准则第 28 号——会计政策、会计估计变更和差错更正》	2006.02	规定公司采用"追溯重述法"更正前期重要错误	我国财务重述率出现第二轮下降趋势
《上市公司信息披露管理办法》	2007.01	再次明确并扩大重大事件的范围	

随着财务重述制度的完善和发展，我国公司财务重述高发趋势得到缓解，但问题并没有完全解决。2013—2014 年我国 A 股主板上市公司财务重述率又开始出现上升趋势。公司财务重述与审计质量有着千丝万缕的联系，但现有文献仅仅将公司财务重述作为审计低质量的替代变量来解决其他问题 [Mark DeFond&Jieying Zhang, (2014); Raghunandan et al., (2003); Abbott et al., (2004)]，并未对财务重述与审计质量之间的相互影响关系进行讨论。事实上，2010 年我国 A 股主板上市公司财务重述呈现出第三轮下降趋势，但这次并非受到财务重述制度的刺激，而是受到 2010 年 7 月 8 日审计长会议审议通过的《中华人民共和国国家审计准则》的影响。所以，下面本书将分析我国审计市场的现状和制度背景。

第三节 财务重述文献回顾

日趋严重的财务重述现象已经受到学术界的广泛关注，已有学者对其进行了深入研究。本书主要从财务重述动因以及财务重述后果两方面对现有文献进行回顾，旨在梳理财务重述的研究脉络，引出本书的研究问题。

一 财务重述的动因研究

上市公司财务重述现象的原因是多方面的，美国会计原则委员会（APB）从公司自身出发，将引起上市公司重述的原因归纳为：计算有误、会计准则使用有误、忽视财务报告公布日已经存在的事实等。APB 给出的都仅仅是表面原因，而深层次的原因还有待于继续挖掘。20 世纪 80 年代末的财务重述研究主要是集中于检验财务重述与盈余操纵之间的关系，确定财务重述是盈余操纵行为的表征。90 年代初，学者们开始将财务重述的盈余操纵动机进行细化，这些研究主要从资本市场融资需要、财务预测需要和管理层的薪酬契约需要等方面剖析财务重述动机。故本书从盈余管理、外部资本市场的预测需求、融资需求和公司内部非资本市场的薪酬契约需求等方面回顾有关公司财务重述动机研究的现有文献。

（一）盈余管理需求

机会主义认为，财务重述是因为公司管理层的机会主义心理而引发的。公司管理层通过虚假财务信息掩盖公司的真实经济状况，以达到一些特定目的，当虚假财务信息无法掩盖时再通过财务重述来更正。80 年代末的财务重述研究主要是集中于分析财务重述与盈余操纵之间的内在关系，明确财务重述是否为盈余操纵行为的表征（Kinney&Mcdaniel，1995；DeFond&Jiambalvo，1991）。现阶段的研究已经将财务重述作为盈余操纵行为的表征，主要开始挖掘财务重述的盈余操纵动机（Lev，2003）。Defond and Jiambalvo（1991）的研究认为，公司管理层利用财务重述进行盈余操纵的动机与会计政策选择类似。作者通过配对比较后发现高报会计利润的重述公告显著多于低报会计利润的，尤其是当利润增长率下降时，所以，高报会计利润的财务重述是公司管理层进行盈余管理的一种途径。Dechow（2000）认为，财务重述发生主要是由管理层的盈余管理行为和欺诈行为导致，尤其是重述内容涉及盈余的公司。Dechow et al.（2007）还指出，重述公司可能存在盈余和现金流方面的多重操纵。因为他们研究发现财务重述公司在季度末时的交易显著增加。Callen et al.（2004）研究也表明，公司管理层确实存在盈余管理问题，因为他们发现，公司在盈利下降或者在同行业中利润排名靠后时更容易发生财务重述。

我国学者关于财务重述与盈余管理的研究起步较晚，而且主要从会计差错更正和追溯调整等研究财务重述问题。张为国、王霞

（2004）选取 A 股上市公司中 1999—2001 年财务报表中出现"会计差错更正"的公司为研究对象，研究发现，当公司出现利润下降甚至亏损或者公司资产负债率较高时容易发生高报盈余的重述，可见，高报盈余的财务重述有着显著的盈余管理动机。李常青（2008）统计了 8 年（1999—2006 年）的更正类财务重述公告后发现，将近 1/3 的重述公告内容涉及盈余调整。周晓苏（2011）发现财务重述与非应计项目、非经常性损益显著正相关，该文以非应计项目、非经常性损益作为公司盈余管理的代理变量。因此，该文认为公司发生高报盈余的财务重述主要是公司管理层出于机会主义目的，将财务重述作为盈余管理的手段。陈晓敏（2011）以行业和规模作为匹配标准，将 2005—2009 年发布财务重述公告的上市公司与未发生财务重述公告的上市公司进行配对比较后发现，财务重述公司的盈余可持续性和盈余质量都显著低于未发生财务重述的配对公司。陈丽英等（2012）以 1999—2009 年高报盈余的财务重述公司为研究对象，研究发现，财务重述公司主要利用应计项目调节利润，并且在被重述年利用会计准则弹性对应计利润进行了正向调节。因此，公司财务重述是管理层有目的的盈余管理行为。

（二）财务预期需求

股票正常交易过程中，为了避免经营业绩没有达到财务预期而给公司带来股票价格下滑，降低公司声誉，公司管理层经常通过盈余操纵来迎合分析师的预测，事后再通过财务重述重新更正。Abarbanell（1998）提供了公司管理层为了迎合分析师预测而进行盈余管理的证据。他发现，分析师推荐"值得买"的公司有正向盈余操纵行为，"值得卖"的公司有负向盈余操纵。Kasznik R. et al. （1999）找到了管理层为了达到财务预期而操作的"非预期应计项目"。Richardson S. A. et al. （2002）和 Burgstahler and Eames（2006）也发现资本市场对公司的财务预期压力是公司管理层盈余管理的重要动机，也是最终导致公司频繁财务重述的重要原因。尤其是当资本市场的财务预期较高，而公司的实际盈余较低时，证据更显著。

（三）融资需求

当公司有外部融资需要时，公司管理层就有动机操纵财务信息，以提高潜在投资者和债权人对公司价值的估值，进而期望以较低的成本获得较多的外部资金。现有研究已经找到一些证据证明，公司管理层有动机利用财务重述来操纵盈余，以获取外部融资。如Dechow et al.（1996）和 Richardson S. A. et al.（2002）均发现公司的外部融资需求显著增加了公司财务重述发生的概率。John R. Graham et al.（2008）对公司财务重述后的债务成本进行了研究，发现公司财务重述显著增加公司的资本成本。

我国学者利用中国资本市场也作了类似研究，但并没有得到一致结论。如李红梅（2012）发现，当我国 A 股上市公司的再融资需求越大时，重述可能性也越大。但陈晓敏（2011）却发现我国公司财务重述对公司股权融资成本和负债结构没有影响。潘克勤（2012）和何威风、刘启亮和罗乐（2013）研究了我国上市公司财务重述后的外部融资情况发现，我国上市公司财务重述对外部融资整体产生负面影响，影响程度与公司自身特征和外部制度环境有关。

（四）薪酬契约激励需求

基于资本与业绩、劳动与报酬的契约将投资者和经理人连接在一起，投资者根据经理人的业绩决定给予多少报酬。Watts and Zimmerman（1986）认为公司内各种关系通过契约而联结，但契约并不能减少代理成本，因为签订契约的双方都不能保证契约不被违反。会计数据在契约拟定和监督过程中起着非常重要的作用，契约双方通常以会计数据为依据制定条款来保护自己的权益。基于经济人假设，在契约的履行过程中，双方均要实现自身利益最大化，而管理者在会计数据的获得与操纵中比股东更有内部优势。为了使管理者与股东利益趋同，现在薪酬契约中越来越多地使用股票期权以及其他和股价有关的报酬条约，而这同时又滋生了管理者通过股票交易、操纵股价从中获利的行为。

现有文献表明，公司发生财务重述很可能是由公司管理层操纵股价、参与股票交易行为造成的。Beneish（1997）以因违反公认会计准则而财务重述的 64 家公司为样本研究公司管理层参与股票交易的特征，研究发现，在涉及高估盈利的财务报告公布期间，64 家重述公司的管理层比对照组公司的管理层更频繁地销售公司股票和行使股票期权。Burns and Kedia（2006）将重述公司管理层的薪酬进行细分后研究发现，公司财务重述与管理层行使股票期权显著正相关，而其他形式的报酬如工资、奖金、受限股等与公司财务重述没有显著相关性。Kedia et al.（2007）又发现，在公司财务报表被重述年，管理层行使股票期权的频率显著高于非重述公司。同年，Agrawal and Cooper（2007）也发现，财务重述公司在被重述年管理层出售的股票比非重述公司多，尤其重述内容涉及盈余调整、问题比较严重的公司，证据更显著。我国学者张俊瑞、马晨（2011）以我国国有上市公司为样本研究发现，公司国有股持股比例与公司发生财务重述显著正相关。因为我国国有股所有权监督不到位，使公司管理层有机会盈余操纵进而引发公司财务重述。

综上研究均表明，管理者基于薪酬契约谋取私利而进行盈余操纵，是导致公司财务重述的重要原因。

二　财务重述的经济后果研究

财务重述是财务报告失败的表现，会给公司带来严重的经济后果。目前关于公司财务重述经济后果的研究主要有资本市场的经济后果和非资本市场的经济后果。因此，本书也主要从财务重述给公司带来资本市场的经济后果和非资本市场的经济后果两个方面来回顾现有研究。

（一）资本市场的经济后果研究

较早的研究有 GAO（2002），通过追踪 1997—2002 年 689 家公司发布财务重述公告后的市场表现发现，公司在发布财务重述公告后的 3 个交易日内，股价平均下跌约 10%，市值损失千亿美元。Palmrose et al.（2004）表明资本市场会对财务重述公司进行惩罚，因为研究发现，公司财务重述后存在显著负异常收益率。Hirschey et al.（2005）和 Scholz（2008）将财务重述内容细分后发现，公司发布涉嫌欺诈和舞弊的重述公告后，市场超额回报率出现大幅下跌。Palmrose et al.（2010）还研究了由不同发起方发起的财务重述的市场反应发现，外部审计师发起的财务重述比公司内部自愿发起的重述的负市场反应更严重，两天的平均超常收益相差 5%。

我国近几年关于财务重述经济后果的研究也逐步增多。周洋、李若山（2007）根据公司打补丁的内容进行分类，分别检验"好消息""坏消息""不确定消息"和"无影响消息"的市场反应。发现"好消息能带来显著为正的超常回报"，"坏消息能带来显著为负的超常回报"，"不确定性消息在消息公布期有显著的超常交易量"。魏志华、李常青和王毅辉（2009）也发现重述内容不同市场反应不同，影响公司价值判断的重述内容更受到投资者关注。陈凌云（2009）也研究了不同发起人发起的财务重述引起的市场反应，发现，自愿重述公司的盈余反应系数增加，而被迫强制重述的公司其盈余反应系数下降。刘媛媛和王邵安（2013）对财务重述公告的滞后期进行了研究后发现，滞后期越长的重述公告市场负反应越激烈。

（二）非资本市场的经济后果研究

目前关于财务重述对公司的经济影响的研究，主要集中在法律诉讼和高管变更等方面。

Palmrose and Scholz（2004）检验了公司财务重述与集体诉讼之间的关系，发现财务重述公司受到投资者集体诉讼的概率高于非财务重述公司，尤其是重述内容涉及盈余等重要会计指标时差别更为显著。Almer et al.（2008）在 Pallnlose 的基础上继续研究发现财务重述内容涉及调减盈余时重述公司更容易遭受集体诉讼。Lev et al.（2007）也得到了同样结论。

"代理人市场声誉"模型（Holmstrom，1982）假设，如果经理人市场有效，财务重述这种低效率行为就有可能会导致经理人变更。但是，这种假设在早期并没有得到支持。如 Beneish（1999）发现公司财务重述后两年内，公司高管变更与非财务重述公司没有显著不同。不过有人对此研究提出质疑，认为研究样本量太少导致研究结论不可靠。后期的研究有 Srinivasan（2005）研究了公司财务重述与外部董事变更之间的关系，发现公司发布重述公告后三年内，重述内容涉及盈余调减的重述公司外部董事变更率为48%，重述内容涉及盈余调增的重述公司外部董事变更率为28%，而非财务重述公司外部董事三年内的离职率为38%。Desai（2006）也发现公司发布财务重述公告后两年内60%的公司发生高管变动，而非财务重述公司则只有35%的公司发生高管变动。Burks（2010）将公司高管进行细分，分别对 CEO 与 CFO 更换进行检验发现，重述后公司 CFO 变更率显著增加，而 CEO 则没有显著变化。我国学者翟华云（2010）、游家兴（2010）、瞿旭等（2012）等也认为公司财务重述后更倾向于更换高管。

三 财务重述的溢出效应研究

现有文献关于财务重述溢出效应的研究主要集中于财务重述在行业内的溢出，溢出效应也仅仅局限于对市场反应的影响。关于财务重述对同行业内公司市场反应的影响主要有两种对立观点：一种观点认为公司财务重述会导致投资者除了对自身公司管理层的诚信产生怀疑外，基于信号传递理论，还会对同行业内其他公司的内部环境、盈利预期以及公司的发展前景等产生怀疑，从而损害整个行业的声誉。相关实证检验有 Xu（2006）研究发现公司发布重述公告后，同行业公司的 CAR 与重述公司 CAR 同向变化；还有 Gonen（2003）、Akhigbe（2008）和 Gleason et al.（2008）也发现公司财务重述在同行业内具有"溢出效应"。我国李世新、刘兴翠（2012）利用事件研究法得出，国内财务重述在资本市场存在行业"溢出效应"。另一种观点认为财务重述导致公司在本行业内的竞争地位下降。基于竞争效应，重述公司的竞争地位下降必然导致同行业内其他公司的盈利预期增加，因此公司重述会给同行业内其他公司带来好的市场反应，但是没有实证检验提供证据。Wu（2002）研究发现公司发布财务重述公告后，同行业内公司的盈余反应系数没有受到显著影响。

第 2 章

审计质量概述

第一节　审计质量的内涵

一　审计质量

审计质量是过去十几年来审计问题研究中的一个重要概念。DeAngelo（1981）认为，审计质量是"审计师能发现被审计客户的财务系统存在舞弊现象，并愿意对外报告的联合概率"。该定义假设审计质量具有两个维度，并为后续完善该定义提供了标准。Simunic and Stein（1987）中界定"审计质量"为："审计质量是财务报告中没有重大错报漏报的保障水平，高审计质量应更可靠，包括更少主观性质的错报与漏报。"Palmrose（1988）中将"审计质量"定义为："审计质量是财务报告中没有重大错报漏报的概率。"Mark DeFond and Jieying Zhang（2014）的文章回顾中指出，"审计师的责任不应该仅仅是简单地检测财务报告是否违反了公认会计准则，还应该为财务报告质量提供保证"，这种责任是源于专业审计准则要求，审计师考虑的是公司财务报告的"质量"，而不仅仅是"可接受性"（SAS 90）。审计准则 14 号要求，审计师应"评价公司会计操作方面的质量，包括管理层决策的潜在偏见"（PCAOB，

2010），该准则表明，审计师应负责保证财务报告质量要求，而不仅仅是机械地遵守会计标准。Ball（2009）指出，"诉讼风险应鼓励审计人员关心财务报告质量。法院认为，在符合审计和会计标准的同时，审计人员必须考虑实质重于形式。这表示，在美国，对于误导性财务报告，最高法院应追究审计师的法律责任，即使这些财务报告的说辞严格遵守公认会计准则"，因此确保财务报表反映公司的潜在经济才是审计师的法律责任，而不是简单机械地应用公认会计准则。本书认为所谓审计质量，是保证公司的财务报告质量，而不是简单检测是否违反公认会计准则。审计质量是财务报告质量的延伸，高质量审计为高质量的财务报告提供更大的保证。因此，审计质量是财务报告质量的一个组成部分。

二 审计意见购买

1988 年，美国证券交易委员会（SEC）指出"审计意见购买"是："上市公司寻求其他审计师支持自己的会计处理以获取自身需要的审计意见，即使这种会计处理会损害财务报告的可靠性。"Chow and Rice（1982）认为，"意见购买"是指公司在收到"非标审计意见"后，变更会计师事务所，并转向其他审计师购买"清洁审计意见"的行为。中国证券监督管理委员会首席审计师办公室（2002）采用了这一观点。而在近期的研究中，如吴联生（2005）、王春飞（2006）、王金圣、王霞等（2007）都认为，公司管理层或审计师通过一定的方式获得低质量的审计意见并损害股东利益的行为是"审计意见购买"行为。因此本书认为，"审计意见购买"是指公司管理者通过某些途径与审计师合谋而获得不客观的审计意见，并损害股东利益的行为。

第二节 我国审计市场现状及制度背景

审计市场是会计师事务所通过对公司财务报告进行分析和识别，提供审计服务并出具审计报告的场所。审计服务作为服务的一种，具有服务的基本特征，如无形性和不可储存性，因此，很容易出现供给不平衡的问题。王志亮、郭玉清（2015）通过对我国2008—2012年排名前百家的会计师事务所研究后发现，我国审计市场集中度较低，还属于竞争型市场。同时，我国审计行业进入门槛较低，审计师素质参差不齐；事务所之间行业专长差异性较小，事务所能提供的服务基本一致，无法拉开距离；虽然经过数次合并，但我国事务所尤其是本土事务所，基本还是独立经营，无法形成规模效应。因此，各事务所之间为了挽留客户争夺市场，而忽略了审计质量，严重影响了我国审计市场的有效性。

为了解决目前审计市场存在的竞争激烈、审计质量低下的问题，我国政府不断修改和完善审计制度。如表2-1所示：

表2-1 我国审计制度的发展

审计制度	发布年份	政策意义
《中华人民共和国宪法》	1982	规定"国务院设立审计机关，对国务院各部门和地方各级政府的财政收支，对国家的财政金融机构和企业事业组织的财务收支，进行审计监督"，标志着中国恢复实施审计监督制度
《中华人民共和国审计法》	1994	审计工作法制化、规范化
公布《中华人民共和国审计法实施条例》	1997	细化《中华人民共和国审计法》

续表

审计制度	发布年份	政策意义
修订《中华人民共和国审计法》	2006	审计工作更加注重从体制、制度方面揭示问题，推动我国审计质量进一步提高
修改并实施《中华人民共和国审计法实施条例》	2010	规定审计监督的具体范围，加大审计监督力度
《中华人民共和国国家审计准则》	2010	规范审计机关和审计人员执行审计业务中的具体行为，保证审计质量，防范审计风险

　　随着我国审计制度的规范和发展，我国审计质量已得到很大改善，尤其是 2011 年开始实施《中华人民共和国国家审计准则》后，我国 A 股主板上市公司财务重述率显著下降，形成第三轮下降趋势。

第三节　审计质量文献回顾

一　审计质量度量

　　由审计质量的内涵可知，审计质量是无形的，其具有不可直接观察和测量的特征，所以，审计质量没有直接的度量标准。目前学者们只能采用替代变量来研究审计质量。现有文献中审计质量的替代变量主要有两类分别为二分变量和连续变量，二分变量主要以审计后的财务报表是否发生重述为标准来度量审计质量，连续变量是建立审计质量从低到高连续变化的分布规律（Francis et al.，2001）。还有人从输出型变量和输入型变量来选取审计质量的度量指标（Woodland & Reynolds，2003；Mark DeFond & Jieying Zhang，2014），输入型替代变量主要有审计时间、事务所属性、审计费用等，从审计投入成本的角度衡量审计质量，输出型替代变量主要有审计后财务报表质量、审计意见类型等，从审计输出结果的角度衡量审计质量。本书只对常见的、主要的替代变量进行综述。

（一）审计意见类型

审计意见是审计工作的最后结果，也是审计过程的最终体现，一般将其分为"清洁意见"和"非清洁意见"两种类型，然后以审计意见类型区分审计质量的高低。这种研究包括 Jeter and Shaw（1995）、Mutchler et al.（1997）、Reynolds and Francis（2000）。类似的还有对审计意见与审计师独立性的研究，如 DeAngelo（1981）指出，当其他条件一定时，审计师独立性受损的结果是其发表"非清洁"审计意见的概率下降。Hardies et al.（2014）认为，审计师独立性与发表"非清洁"审计意见的概率之间存在负相关关系。因此，可以用审计师发表"非清洁"审计意见的概率衡量审计质量（Sharma & Sidhu，2001；DeFond et al.，2002；Hay et al.，2006；Lim & Tan，2008；Li，2009；Ye et al.，2011）。国外学者还有通过发表"持续经营"审计意见来衡量审计质量的研究，如 DeFond et al.（2002）认为，独立性更强的审计师更有可能发表"持续经营"审计意见。Knechel and Vanstraelen（2007）还用审计师发表"持续经营"审计意见的概率替代审计师的专业胜任能力来研究审计质量。而 Defond and Zhang（2014）则认为，发表"持续经营"审计意见的概率衡量审计质量也存在局限，如获得"持续经营"审计意见的客户一般较少，从而研究样本受限。

我国关于审计意见类型与审计质量的研究有：王霞、张为国（2005）发现审计师对财务重述公司之前年度的蓄意错报行为有所察觉，并通过审计意见反映出来。此外，还有刘明辉等（2003）、徐浩萍（2004）、刘运国和麦剑青（2006）、唐跃军（2011）、龚启辉等（2011）、曹强等（2012）、宋衍蘅和付皓（2012）、贺建刚等（2013）均以审计意见类型作为审计质量的替代变量进行研究。我国也有学者认为，审计意见类型作为审计质量的替代指标单一不全面。他们认为审计过程决定审计质量，审计结果的好坏由审计过程的优劣决定，因此审计过程比审计结果更重要、更直接。如段春明和王华（2008）指出，"非标准无保留"审计意见与高质量审计没有必然的逻辑关系。

（二）审计费用

对于审计费用与审计质量之间的关系，目前主要有两种观点：审计投入观和经济依赖观。审计投入观认为，审计费用由审计投入成本和审计师的声誉价值决定，高审计费用说明审计师投入成本多，审计师声誉价值高，因此审计质量才能高。而经济依赖观认为，审计费用越高，审计师对客户的经济依赖性越强，审计师的独立性越差，因此审计质量越低。

持审计投入观的研究有 DeAngelo（1981）、Francis（1984）、Francis and Krishnan（1999）以及 Francis et al.（2013）等。他们认为，高审计费用是审计师高审计投入的结果，或者是审计师行业专家声誉价值的体现。审计师投入越多，越有可能发现被审计公司的欺诈行为，行业专家声誉越高的审计师越有能力保障被审计财务报表的信息质量。而较低的审计费用往往是会计师事务所为了在竞争中获得价格优势而省略了一些审计程序以降低审计成本，没有必要审计程序保证的审计报告必定是低质量的（约翰·海普等，2002）。类似的文献还有：DeAngelo（1981）认为，如果管理者有欺诈行为，则有可能通过减少审计费用使得审计师减少工作而无法发现其欺诈行为，审计人员因为经济收入依赖客户，为了迎合客户的要求以获得未来的费用而产生低质量的审计报告。Mitra et al.（2009）指出，审计师因收取异常高审计费用而付出更多努力，进而出具高质量的审计报告；审计费用降低则意味着，审计师付出努力少，出具的审计报告质量较低。Lobo and Zhao（2013）也发现，审计师为了保留客户，会在接受较低审计费用的同时，为隐瞒客户而出具较低质量的审计报告。Chakrabarty et al.（2015）研究也表明，对于审计师而言，在保留客户动机和声誉动机中，保留客户动机占主导地位，即使客户降低审计费用，审计师为了保留客户，也会接受并出具低质量审计报告。利用中国资本市场数据做类似研究的有我国学者段特奇等（2013），他们研究发现，在中国资本市场负向异常审计收费与审计质量负相关。

持经济依赖观的早期研究有 Simunic（1980）、Francis（1984）、Francis et al.（1987），这些研究均发现正向异常审计费用与审计质量负相关。他们认为审计师对向客户收取的审计费用具有依赖性，审计费用越高，审计师的独立性越差，审计质量越低（Kinney & Libby，2002）。Hoitash et al.（2007）分别利用修正的 Jones 模型和 Dechow and Dichev（2002）模型计算可操控应计盈余，检验异常审计费用与盈余管理的关系，研究发现正向异常审计费用与盈余管理程度正相关。类似的研究还有 Choi et al.（2010），Choi et al.（2010）不仅得到与 Hoitash et al.（2007）一样的结论，还检验了负向异常审计费用与盈余管理的关系，发现负向异常审计费用与盈余管理无显著关系。Asthana and Boone（2012）发现公司管理层主要通过调节可操控应计利润迎合证券分析师的盈余预测，此时公司的正向异常审计费用往往较高。Hribar et al.（2014）分别用财务舞弊发生概率、财务重述概率和收到 SEC 意见函的概率作为审计低质量的替代变量研究异常审计费用与审计质量之间的关系，研究发现，正向的异常审计费用与以上指标具有正向关系。我国学者伍利娜（2005）发现，我国上市公司审计费用增加与公司"非清洁"审计意见转换为"清洁"审计意见正相关。唐跃军（2007，2009）均发现上市公司审计费用异常增加，公司被出具"非清洁"审计意见的概率下降，审计质量下降。方军雄、洪剑峭（2008）也认为，提升审计费用是我国上市公司审计意见购买的主要手段，正向异常审计费用与审计意见改善显著正相关。

还有学者基于议价能力的角度进行了分析，比如 Dye（1991）指出，审计费用的高低取决于客户与事务所的相对议价能力。Casterella et al.（2004）、Huang et al.（2007）用客户议价能力来衡量客户的重要性水平，认为大客户和重要客户在审计收费上会受到事务所给予折扣。Asthana and Boone（2012）研究发现，随着审计费用的异常偏低，审计质量下降，而客户议价能力有助于增加这种相关性。在激烈的竞争中，议价能力弱的审计师有降低审计质量的需求（Casterella et al.，2004）。我国学者曹强等（2012）研究发现，越是重要的客户，审计师越不倾向于对财务重述公司出具严厉的审计意见。但是，当客户风险性质超过一定严重程度，客户重要性与严厉审计意见的负相关性消失，表明客户议价能力仅仅在风险可控范围内有效。

（三）事务所规模

DeAngelo（1981）认为事务所规模是审计高质量的重要保障，这一观点的理论依据是声誉理论。持相同观点的还有 Dopueh and Simunic（1982），他们认为事务所规模越大，拥有的客户越多，则越注重自己的声誉，同时，事务所规模越大，相对于客户的议价能力越强，则利益屈从的动机就越小。因而，"大所"的独立性往往高于"小所"。Khurana and Raman（2004）基于诉讼风险提出，"大所"由于面临更高的诉讼风险而提供高质量审计。Francis and Wang（2008）则认为，事务所规模与审计质量的关系受到周围环境影响，法制环境越完善的国家，事务所规模与审计质量的正相关性越强。Lin and Hwang（2010）和 Lennox and Pittman（2010）分别利用不同的模型对审计质量进行估计后发现，国际"四大"的审计质量普遍较高。Deis and Giroux（1992）、Coate and Loeb（1997）

和 Hogan and Jeter（1999）认为大规模事务所具有更多具备专业专长的审计师、资源更多、经验更丰富，所以，"大所"提供的审计服务质量更高。

我国学者曾亚敏、张俊生（2010）认为，"大所"承担较大法律责任风险，受到品牌和声誉约束，与被审计公司管理层合谋的动机较小，所以，事务所规模与审计质量正相关。但刘峰和许菲（2002）、刘峰和周福源（2007）、郭照蕊（2011）等认为，我国审计市场竞争激烈，法律诉讼风险较低，因而，事务所规模并不能显著提高审计质量。

（四）盈余管理幅度

现有研究中用来度量审计质量的连续性指标主要是盈余管理幅度。盈余管理幅度是财务报告质量的外在表现，具有专业能力的审计师应能识别并控制被审计单位的盈余管理幅度，所以，盈余管理幅度能很好地反映并度量审计质量。目前学术界通常用可操控应计利润来度量公司的盈余管理幅度，审计后财务报表可操控应计利润数额越大，盈余管理的程度越高，意味着审计质量越低。

Jones（1991）最早提出估计可操控应计利润的模型 Jones 模型，由于该模型没有考虑公司自身的特质，仅仅用时间序列数据进行回归，导致回归结果解释力度较差，因而后期该模型受到一些学者的批评，如 Dechow et al.（1995）、Francis et al.（2005）、Hoitash et al.（2007）。Dechow et al.（1995）将应收账款作为回归因子对 Jones 模型进行修正，即修正 Jones 模型；Dechow et al.（2003）通过增加回归变量又扩展了修正 Jones 模型，提出 Forward Looking Jones 模型；Kothari et al.（2005）提出了业绩匹配 Jones 模型，该模型将总资产报酬率作为解释变量；Ball and Shivakumar（2006）提出了非线性 Jones 模型；Roychowdhury（2006）建立了真实盈余管理模型，他认为，代理人通常通过操纵销售、随意性支出和过度生产使投资者相信，财务报告目标是通过正常经营活动而实现的。所以，真实盈余管理应该包括销售操纵、随意性支出和过度生产中的非正常行为。然而，Zang et al.（2012）通过对真实性盈余操纵模型和基于应计的盈余操纵模型比较后发现，二者在度量审计质量方面可以互相替代，没有本质区别。

我国也有学者根据中国市场特征对基于应计的盈余操纵模型进行了扩展，如陆建桥（1999）、周长青和章永奎（2001）等。还有夏立军和杨海斌（2002）、喻少华和张立民（2005）对比了各种盈余操纵模型对中国证券市场盈余管理的不同度量，发现 Jones 模型中利用线下项目对总应计利润分行业估计最能揭示我国上市公司的盈余操纵行为，而在 Jones 模型中加入长期投资或无形资产和其他长期资产没有使模型得到显著改善。

（五）盈余反应系数

盈余反应系数反应公众或者第三方对审计师审计结果的接受程度，或者对会计师事务所能力的认可程度，是从市场感知的角度来度量审计质量。盈余反应系数一般用于从市场认同度研究不同规模的会计师事务所审计质量的异质程度，如 Teoh and Wong（1993）认为，"八大"的审计质量有较高的盈余反应系数，投资者比较认同"八大"的审计质量。此外，Hackenbrack and Hogan（2002）、Balsam et al.（2003）也采用盈余反应系数来研究审计质量问题。Griffin and Lont（2010）和 Menon and Williams（2010）还通过盈余反应系数来检验公司被出具"非清洁"审计意见和变更事务所的市场反应。我国学者张奇峰等（2007）用盈余反应系数来测试会计师事务所选择的市场反应，顾鸣润等（2012）用此来测试"非清洁"审计意见的市场反应，董秀琴、柳木华（2010）则用盈余反应系数来测试审计师的行业专长。

综上是国内外现有文献中最常见的审计质量替代变量，当然，还有研究使用了其他变量替代审计质量。如有文献用会计师事务所涉及的诉讼数量衡量该事务所的审计质量（Palmrose，1988），而这类研究多出现在法制比较健全的国家的相关文献中（Vanstraelen，2000；Tagesson et al.，2006）。我国文献中类似研究较少，因为我国审计诉讼不多，测量指标受到局限；还有文献用资产负债表日与审计意见发布日之间的间隔天数，即审计时间来间接反映审计质量。他们认为，审计师投入的时间越长，发现欺诈的可能性就越大。如 Knechel et al.（2001）、Payne and Jensen（2002）、Knechel and Sharma（2010）和 Knechel et al.（2012）等，但是国内鲜见类似研究，还有文献如 Krishnan（2005）、蔡春、鲜文铎（2007）、刘峰、周福源（2007）、郭照蕊（2011）、王兵等（2012）等用 Basu（1997）所计算的会计稳健性来度量审计质量。上述指标都仅仅是作为审计质量的替代变量，也只能反映审计质量的不同侧面，无所谓好坏。单独使用任一替代指标都存在缺陷，所以，在研究中最好使用多个替代指标对审计质量反复度量，研究结论才能更加稳健。

二　审计意见购买

审计意见购买行为具有隐蔽性，关于这一问题的研究多为间接的实证研究，目前国内外学术界主要通过变更事务所、变更审计师以及异常审计费用三个方面来研究审计意见购买行为。

（一）变更事务所

Smith（1986）认为，公司变更会计师事务所可能出于别的原因而非出于审计意见购买目的，事务所变更不会对审计质量产生太大的影响。Mangold（1988）发现公司在变更会计师事务所后审计意见清洁率显著高于上一年，而未变更会计师事务所的公司则没有发现此特征，所以，认为公司可以通过变更会计师事务所获得对自己有利的审计意见。Krishnan（1994）研究发现，公司被出具"持续经营"审计意见时更有可能变更事务所；但变更事务所后，其审计意见并未得到显著改善。Krishnan and Stephens（1996）又发现，公司被出具"非清洁"审计意见后一般会选择变更会计师事务所，但变更后其审计意见仍然未得到明显改善，反而，新的事务所在出具审计意见时更加保守。Lennox（2000）构建了审计意见估计模型，分别估计公司在变更审计师和未变更审计师的情况下得到的审计意见，并以此分析变更审计师对审计意见的影响。经研究发现，公司变更审计师可以显著改善审计意见，管理层通过变更审计师成功达到了审计意见购买目的。Gómez-Aguilar and Ruiz-Barbadillo（2003）以1991—1996年西班牙的735家公司为样本研究发现，公司将审计事务所变更为低质量事务所容易获得"清洁"审计意见，而变更为高质量的审计事务所则容易获得"非清洁"审计意见。对于变更会计师事务所的公司，其前后两任事务所的审计质量差距越大，公司通过变更会计师事务所改善审计意见的可能性就越大。

我国学者耿建新和杨鹤（2001）以我国A股上市公司为研究对象，其研究发现上市公司被出具"非清洁"审计意见后变更会计师事务所的可能性增加，变更后其审计意见得到显著改善。石绍炳（2008）将"非清洁"审计意见细化后发现，被出具"带强调事项段的保留意见"或"无法表示审计意见"会加剧公司变更会计师事务所的可能性，并且变更事务所可以显著改善审计意见。杜兴强、郭剑花（2008）也发现公司变更会计师事务所可以改善审计意见。类似的研究还有张薇（2010）发现变更会计师事务所是上市公司审计意见购买的有效手段。而陆正飞、童盼（2003）借鉴了Lennox（2000）模型后研究发现，2000—2001年上市公司存在审计意见购买动机，但实现审计意见购买的证据并不充分。吕先锫、王伟（2007）也没有发现公司变更会计师事务所可以显著改善审计意见，但公司选聘的会计师事务所规模和公司的流动资产周转率与"非清洁"审计意见显著相关。还有于霄、马施（2009）表示被出具"非清洁"审计意见的公司更有可能变更会计师事务所，但是通过变更会计师事务所并没有明显改善审计意见。类似的研究还有徐荣华（2010）发现，除了被出具"非清洁"审计意见外，上市公司管理层的变更和对审计成本的控制也是公司变更会计师事务所的主要原因，并且变更后其审计质量不但没有下降，反而略有上升。申富平等（2013）分析了会计师事务所的内部环境和外部环境，认为事务所的内外部综合因素决定事务所是否接受审计意见购买交易。

（二）变更审计师

Chow and Rice（1982）用 2×2 列联表的卡方检验研究了审计师变更与"保留意见"之间的关系，研究发现公司被出具"保留意见"与下一年度更换审计师显著正相关，但对审计意见改善没有显著作用。Smith（1986）发现在其研究的 139 个样本中仅仅有 5 家公司通过变更审计师获得了"清洁"审计意见。Krishnan and Stephens（1995）研究中没有发现公司可以通过变更审计师显著改善审计意见。Schwartz and Menon（1985）以 132 家经营失败的公司为研究样本，研究公司经营状况与审计师变更之间的关系，经研究发现经营业绩较差的公司更容易变更审计师，他们认为这些公司主要是因为财务问题而变更审计师，并非为了获取"清洁"审计意见。Mangold（1988）将变更审计师公司和未变更审计师公司按照公司规模配对比较研究审计师变更与审计意见之间的关系，研究发现公司在变更审计师后审计意见得到明显改善。Davidson et al.（2006）研究了审计意见、盈余管理和审计师变更的关系，研究发现变更审计师的公司并没有明显的盈余管理证据，但收到"非清洁"意见并将事务所由"大所"换为"小所"的公司的盈余管理水平显著偏高。

我国学者李爽、吴溪（2001）发现，我国上市公司审计师变更与公司管理层变动、控股股东变动显著相关，同时还发现我国上市公司关于审计师变更的披露存在信息缺乏、时间滞后等问题。后来，李爽、吴溪（2002）还通过修正 Lennox（2000）检验了我国1998—2000 年变更审计师的 2016 个公司中影响审计师发表"非清洁"审计意见的因素，发现公司盈余管理程度与"清洁"审计意见显著负相关。耿建新、杨鹤（2001）指出被出具"非清洁"审计意见的公司、异地事务所审计的公司和 ST、PT 类公司更倾向于频繁变更审计师。李东平等（2001）、李爽等（2001）也发现被出具"非清洁"审计意见是公司变更审计师的主要原因。吴联生、谭力（2005）认为虽然公司被出具"非清洁"审计意见会导致公司频繁变更审计师，但变更审计师后并没有显著改善审计意见。龚凯颂（2000）则认为公司管理层的盈余管理行为导致其具有审计意见购买动机，而审计意见购买失败是公司变更审计师的主要原因。还有王春飞（2006）认为亏损公司更具有变更审计师倾向，扭亏是公司变更审计师的主要原因，但是变更审计师与审计意见改善没有显著关系。

（三）异常审计费用

国外最早关于异常审计收费与审计报告的研究有 Simunic（1980）、Francis（1984）、Francis et al.（1987），他们的研究均表明增长的审计费用与审计师的审计意见改善正相关。后期 Hoitash et al.（2007）对 2000—2003 年美国证券市场进行研究后也证实审计费用与审计质量显著负相关。但也有研究发现异常审计收费与审计意见无显著关系。如 Allen Craswell et al.（2002）实证检验了审计师对客户审计费用的依赖度与"非清洁"审计意见之间的关系，发现审计收费与审计意见不存在显著相关性。类似的研究还有 Whisenant et al.（2003）和 Allen Craswell et al.（2002）。Frankel et al.（2002）认为审计师独立性与为客户提供的非审计服务负相关，审计师为公司提供的非审计服务越多，独立性越差。他们研究发现审计服务收费与公司盈余管理负相关，而非审计服务收费与公司盈余管理正相关。但 Frankel et al.（2002）和 Libby et al.（2002）对 Frankel et al.（2002）的研究结论提出质疑，他们认为 Frankel et al.（2002）的研究设计和变量选择不够合理，并且证据太弱。Francis et al.（2011）对 SOX 之后美国的审计质量进行研究后发现，SOX 引起美国审计费用的增加对美国的审计质量没有显著影响。

国内对审计费用问题进行研究相对较早的是学者伍利娜（2005），该研究发现我国上市公司审计费用增加与审计意见由"非清洁"意见转为"清洁"意见显著正相关。陈杰平等（2005）控制公司财务特征后发现，在不变更会计师事务所的情况下，审计意见的改善与异常审计费用变动率呈显著正相关的关系；但变更会计师事务所后，异常审计费用变动率对审计意见的改善没有显著影响。我国学者还有朱小平、郭志英（2006），唐跃军（2007、2009、2010），方军雄、洪剑峭（2008），李平、杨和雄（2009），张丽（2013）均认为我国上市公司异常审计费用与审计意见购买有关，审计费用增加可以显著改善审计意见。但李晓（2014）发现，审计收费与审计意见类型没有显著关系。刘海娟（2015）研究发现公司流动比率、净利润增长率、审计师学历和高管异动都与公司审计意见购买行为有关，但没有发现与审计收费显著相关。

三 审计监管效果

审计意见购买是个别审计师获利，整个审计师行业却会声誉受损。审计意见购买的存在严重降低审计质量、阻碍了审计市场的有效运转。审计监管作为政府监督部门能否对审计收费、审计意见及审计质量产生正面影响，是投资者和利益相关者都关心的问题。目前，研究审计监管有效性的文章并不多。Cushing et al.（1999）建立了审计意见购买模型，比较分析道德准则和惩罚机制后提出，严格的惩罚机制带来的收益不一定大于付出的执法成本，宽松的惩罚机制辅以有效的轮换机制和披露政策的效果也许更好。Bannister and Wiest（2001）研究发现，会计师事务所接受 SEC 调查前后客户的可操控应计利润显著不同。接受 SEC 调查时，客户的可操控应计利润显著小于 0，而调查结束后则不再小于 0。Firth et al.（2004）也发现审计师被处罚前后的审计意见显著不同。经过被处罚审计师与未被处罚审计师配对比较后发现，被处罚当年的"非清洁"审计意见的审计师少于对照组，而处罚结束后其出具的"非清洁"审计意见会增加。LuTong（2006）研究发现，审计师在面临解聘和审计意见购买压力下，其审计质量是否下降，主要取决于审计师对于法律责任风险成本与审计费用收益两者的权衡。当审计失败审计师承担的赔偿金额远远大于审计意见购买下获得的审计费用收益时，审计质量为零，随着审计费用收益的增加，审计质量也会相应提高。当审计师获得的审计费用收益超过审计失败的赔偿金额时，审计师的机会主义心理开始起作用。这时，随着审计费用收益的增加，审计质量下降，当审计费用收益远远超过审计失败的赔偿金额时，审计质量也为零。Chang et al.（2008）通过对中国台湾受罚审计师的审计质量研究后发现，受罚后"大所"的审计质量提高显著。Fafatas（2010）表明，受罚后审计师及其客户的财务表现更加稳健。Barbera et al.（2010）以西班牙受罚的审计师为样本研究发现，受罚审计师的客户平均盈余质量低于未受罚审计师的，惩罚结束后其客户的盈余质量显著提高。Chan and Wu（2011）对中国审计市场进行研究后指出，中国审计市场也应有类似于美国的监管效应。虽然中国的诉讼风险仍较低，但政府机构对事务所审计质量进行严格监督，对审计失败也有严厉的惩罚机制，如公开谴责、警告、罚款、暂停或吊销执业资格甚至判刑等。但 Dyck et al.

（2013）认为，由于欺诈被发现的可能性比较小，监管对提高审计质量的效果有限。

　　我国也有文献对审计监管效果进行研究。吴联生（2005）基于博弈理论对审计意见购买行为进行了分析，他将监管策略分为固定收益下和变动收益下两种情形。他认为，在变动收益下，不同监管者对审计意见购买行为采取的监管最优策略不同，但在固定收益下，不同监管者对审计意见购买行为采取的监管最优策略基本一致。对于同一个监管者而言，在变动收益下和固定收益下采取的监管最优策略也不同。因此，他认为监管者的最优监管策略并不能从根本上杜绝审计意见购买行为。杜兴强、郭剑花（2008）发现颁布监管政策当年，上市公司并未成功实现审计意见购买目的，但在随后的两年内都成功实现了审计意见购买目的。其说明监管政策对审计质量提高有一定影响，但并不持久。朱春艳、伍利娜（2009）发现，上市公司被处罚当年和被罚后审计师出具"非清洁"审计意见的概率较高，表明审计监管有助于提高审计质量。王爱国、尚兆燕（2010）认为，法律惩戒力度越强，审计师出具的"非清洁"审计意见越多。方军雄（2011）也发现，审计师声誉受损后，其客户的盈余管理程度显著降低。刘笑霞、李明辉（2013）通过配对比较受罚会计师事务所和未受罚会计师事务所研究发现，受罚事务所受罚前其客户可操控应计盈余的绝对值显著高于对照组，受罚后，其客户可操控应计盈余的绝对值则显著低于对照组。可见，监管有助于提高受罚事务所的审计质量。然而王兵等（2011）分别检验了处罚对会计师事务所和审计师个人的影响，在被证监会处罚后，没有发现受罚事务所和审计师客户的会计盈余稳健性显著提高，也没有发现其客户的可操控应计利润显著降低。表明中国证监会对会计师事务所和审计师个人的处罚对上市公司的审计质量没有显著改善作用。吴昊旻等（2015）也没有发现惩戒风险与事务所存在"规模—质量"显著正相关。

综上研究可知，目前关于审计监管效果能否提高审计质量的研究，在国内外学术界并未得到一致结论。

第四节　审计质量与财务重述

一　审计质量与财务重述

审计报告的首要任务是预防财务报告中的欺诈行为，而财务重述说明审计师对存在错报的财务报表发表了不恰当的审计意见，审计报告是低质量的。所以，财务重述可以从输出的角度来度量审计质量（Mark DeFond&Jieying Zhang，2014）。Raghunandan et al. (2003)、Abbott et al. （2004）研究发现，财务重述与利用其他指标衡量的审计质量之间确实存在显著相关性，这一定程度上支持了该变量的有效性。还有学者用财务重述作为审计质量的替代变量来作一些研究，比如审计质量与非审计服务费用之间的关系（Kinney Jr. et al.，2004）、审计委员会的特征（Archambeault et al.，2008）和审计师的行业专长（Chin & Chi，2009）。类似的研究还有 Agrawal and Chadha (2005)、Hribar et al. （2010）。我国学者曹强、葛晓舰（2009）、王霞、张为国（2005）等，也以财务重述作为衡量审计质量的指标研究审计问题。

二　审计意见与财务重述

关于公司财务重述与审计意见的相关研究，国外涉及的较少。我国学者王霞、张为国（2005）研究发现在我国 A 股市场审计师可以发现财务重述公司错报期财务报表中的错报，而且会将这种发现反映在当年的审计意见中。该研究还发现，审计师出具"非清洁"审计意见与公司财务重述幅度和重述项目有显著相关性。王霞、徐晓东（2009）也发现，公司重述的错误越重要，越容易被审计师出具"非清洁"审计意见，而且"大所"提供的审计服务质量较高，因为"大所"更容易识别出重要的错误。

第五节　本章小结

本章回顾梳理了国内外关于公司财务重述、审计质量和审计意见购买的相关文献。现有关于公司财务重述的研究主要基于信息不对称理论和契约理论，重点分析公司财务重述的动机和经济后果。公司财务重述的动机除了盈余管理外，主要是公司管理者为了实现某种特定目的，比如为了融资需求，为了满足利益相关者的财务预期，以及为了自身的薪酬等。公司财务重述的经济后果，既有资本市场层面的，如重述后公司股价大幅下跌（GAO，2002；Palmrose et al，2004；Hirschey & Connolly，2005；Scholz，2008），也有公司层面的经济后果，如集体诉讼（Almer et al，2008）、公司高管变更（Burks，2010）以及行业内传染（李世新、刘兴翠，2012）等。关于财务重述和审计质量的相关研究，主要集中于将财务重述作为审计质量的替代变量，但是通过本书对审计质量替代变量文献的回顾发现，相对于其他的替代变量，如审计意见、异常审计费用、事务所规模、盈余管理幅度和盈余反应系数等，以财务重述作为审计质量的替代变量的文献相对较少。我国还有少数学者研究了公司财务重述与审计意见之间的关系，但是目前尚未发现有文献对公司财务重述与审计质量的互动机制作过研究。

Plumlee and Yohn（2008）指出，财务重述现象上升在一定程度上是审计师降低了估计重要性水平导致的。虽然王霞、张为国（2005）的研究中指出，审计师能够发现财务重述公司错误期财务报表中的错报，而且也会反映在当年的审计意见中，但根据本书的统计，在2001—2014年我国A股主板上市非金融财务重述公司中，有83.5%的公司在被重述年获得了"清洁"审计意见。财务重述公司被重述年是否存在审计意见购买交易？重述公司被重述年的审计低质量是否是后期公司财务重述现象上升的重要原因？这正是本书研究的问题之一。从目前关于公司财务重述经济后果的研究中，并未发现有文献对财务重述对公司后期审计质量的影响有研究。现有研究表明，公司重述会导致公司股票收益率下降，公司管理层面对公司重述后股票收益率下降的现状迫切需要"清洁"审计意见来挽回投资者信心。而经过本书对现有文献的梳理可以发现，获取"清洁"审计意见是公司进行审计意见购买的主要动机（Lennox, 2000; Gómez-Aguilar and Ruiz-Barbadillo, 2003），那么重述后公司的管理层显然具有审计意见购买动机。公司发布重述公告后会备受投资者和监管部门关注，面对高风险的重述公司，审计师是否愿意与管理层达成审计意见购买交易？目前，审计意见购买的方式主要有变更审计师、变更事务所和提高审计费用（耿建新、杨鹤，2001），那么重述公司管理层在公司备受关注之时，会选择什么方式去实现审计意见购买目的，他们能否如愿以偿？这也是本书要探讨的问题之一。公司重述不仅引起自身收益率下降，还会引起同行业公司股票收益率下降（李世新、刘兴翠，2012）。集团公司作为一种重要的组织形式，集团内公司重述会为集团内关联公司带来什么经济后果，又会如何影响集团内关联公司以后的审计质量？这些都是本书研究的问题之一。所以，本书主要以2001—2014年我国A股主板上市非金融重述公司为样本，通过研究公司被重述年、重述公告年和重述公告后，审计质量与财务重述之间的相互影响机制，以及集团公司内公司财务重述对集团内关联公司经济后果和审计质量的影响，来研究审计质量与公司财务重述的互动机制和财务重述在集团内的溢出效应。

第 3 章

理论分析

第一节　理论基础

一　委托代理理论

委托代理理论（Principal-Agent Theory）由 A. Berle and G. Means（1932）创立，该理论认为，企业所有者同时作为企业经营者存在很大弊端，因此企业所有权和经营权应分离，企业所有者应将企业经营权让渡，自己仅保留剩余索取权。"代理关系"的定义最早由 Ross（1973）提出，Ross 认为："如果当事人双方，其中代理人一方代表委托人一方的利益行使某些决策权，则代理关系就随之产生了。""代理成本"是由 Jensen and meckling（1976）提出，他们指出，经济学假设人是理性的，并且每个人都在实现自身效用最大化，而在委托代理关系中，委托人和代理人的效用函数并不会时刻相同，而且他们之间还存在着信息不对称，因此代理关系中容易产生摩擦，这种摩擦就是代理成本。道德风险和逆向选择是代理关系中的两个基本概念，该概念由 Kenneth Arrow（1985）提出。其中，道德风险发生在行为之后，代理人利用与委托人之间的信息不对称所作的对自己有利而对委托人不利的行为就是道德风险，逆向选择则发生在契约之前，代理人依据自己的信息优势作出对自己有利的决策，就是逆向选择。

委托—代理理论包括两大分支：第一类是由 Alchian and Demsetz（1973）、詹森和麦克林（1976）开拓的代理成本理论，即实证代理理论。该理论是指运用实证检验的方法从分析委托人、债权人和代理人之间的关系来研究公司的运营问题。第二类是由 Ross（1973）、Harris and Raviv（1979）、Holmstrom and Milgrom（1987）等为主要代表的委托人—代理人理论，该理论主要通过建立数理模型来设计一种激励约束机制，使委托人在信息不对称条件下能激励代理人选择对委托人最有利的方案。

二　不完全契约理论

不完全契约理论（GHM）来源于契约理论，Williamson 和 Hart 等经济学家意识到，现实中的契约由于有限理性和交易成本的存在而不能完全规定所有事项。因此 Grossman and Hart（1986）、Hart and Moore（1990）在 Ronald Harry Coase、Williamson 等的交易成本理论的基础上发展了不完全契约理论。该理论认为，由于信息的不完全性、契约事项的不确定性和人的有限理性客观存在，所以确定所有权利的成本过高，不可能拟定完全契约，不完全契约则必然存在。

Grossman and Hart（1986）、Hart and Moore（1988）首次使用合作博弈和非合作博弈模型证明不完全契约会导致投资者的无效投资。Klein et al.（1978）、Grout（1984）、Williamson（1985）、Tirole（1986）等也曾从不同侧面证实不完全契约会导致无效投资的事实。他们认为，因为契约是不完全的，所以事前无法写入契约的状况一旦出现，契约一方的边际收益就有可能被对方分享一部分，即被对方"敲竹杠"或攫取"可占用性准租金"。因为预期到这种可能被"敲竹杠"的风险，契约签订者在事前就会投资不足。

三 信号传递理论

Spence（1973）建立了劳动力市场模型，并提出了信号传递理论。该理论认为，劳动力市场的雇主并不清楚雇员的生产能力，雇主和雇员之间存在信息不对称，雇主主要通过"标志"和"信号"来识别雇员的生产能力。雇员自身不能改变的特征称为"标志"，如性别；可以改变的特征称为"信号"，如教育背景。该理论还假设信号传递有成本，而且雇员传递信号的成本与其生产能力成反比，进而给雇主在时间上形成一个时间反馈。

Spence（1973，1974）的模型主要基于假设教育成本与生产能力负相关，所以教育作为信号投资才有利可图。但是，Riley 认为，只要 Spence 的假设作出微小的放松，结论就必须作出很大的调整。Spence 还认为存在一种策略性信息均衡，不过该观点遭到 Riley（1979a，1979b）的批评。Riley（1985）修改了 Spence 模型，他认为很多合理假设表明，在保险和劳动力市场委托代理问题存在唯一纳什均衡。后期还有 Cho and Kreps（1987）对 Spence 的信号均衡提出过争议。

信号理论在后期的经济领域得到非常广泛地应用，如 Ross（1977）在 Spence 框架下设计了一个激励方案，该方案以负债水平作为信号，他认为负债水平可以传递出公司的价值信号，因为低价值的公司不敢选择较高的负债水平，所以投资者可以用负债水平来识别公司的价值，还有 Brealey et al.（1977）将企业家对项目的投资作为信号，他认为如果企业家对项目投资则可以向市场传递"好"信息，投资者就可以根据企业家的投资比例来估计项目的价值，Talmor（1981）建立多期模型，以投资者是厌恶风险型为假设前提研究发现，市场会出现次优决策，因为管理者可能会因信号激励的影响而偏离最优决策。Bhattacharya（1979）以 Spence 的信号模型为基础，创建了股利信号模型，该理论认为现金股利向市场传递出的信息可以作为投资者未来预期盈利的信号，因此信号理论又称为股利信号理论。

第二节　理论框架

委托—代理理论因公司经营权与所有权两权分离而产生并发展，主要解决两权分离后因信息不对称使委托人—所有者和代理人—经营者之间产生的非协作和道德风险问题。委托代理理论研究委托人应如何根据观测到的信息，设计最优契约来激励或惩罚代理人。然而信息不对称是委托人和代理人之间的障碍，聘请外部审计师成了解决代理人与委托人之间信息不对称的有效措施。审计师通过对公司一定时期财务信息的真实性、可靠性加以审核，出具高质量的审计报告，降低代理人与委托人之间的信息不对称程度。可见，审计师是降低代理人与委托人之间的信息不对称程度的关键因素。

而代理人和委托人，以及代理人和审计师，均通过契约而联接。由于契约签订者的有限理性和交易成本的客观存在，使得现实中的契约是不完全的。Grossman and Hart（1986）、Hart and Moore（1988）证明不完全契约会导致无效投资。委托人和代理人效用函数的不一致以及委托—代理契约的不完全性给代理人的道德风险行为（如盈余管理）留下了空间，而委托人预期到这种"敲竹杠"行为，则在事前就会在制定激励或惩罚条约时"投资不足"。代理人只要保证自己的道德风险行为不被审计师发现，或者可以说服审计师合谋而不被委托人知晓，就不会触动委托人的激励或惩罚条约。代理人和审计师也是通过不完全契约而联接。代理人会权衡，当盈余管理带来的收益大于与审计师合谋的成本时，代理人就会有动机去贿赂审计师。对于审计师而言，出具"非清洁"审计意见前需要更多的双方沟通，交易成本较高，接受贿赂并出具"清洁"审计意见，交易成本少，还可以避免被"敲竹杠"，收益也会增加，当然，审计师的违规风险也会增加。面对我国审计监管政策厉而不严的现状，审计师违规被发现的概率很小，因此当审计师发现其接受贿赂并出具"清洁"审计意见获得的收益远远超过违规成本时，审计意见购买交易就会达成。当代理人与审计师合谋失败，或者代理人与审计师的合谋被监管部门发现时，就会发生财务报表重述。

基于信号传递理论，公司财务重述传递出公司内部控制缺陷、管理层操控盈余、不具有基本诚信等信号，给公司和行业带来严重负市场反应［GAO（2002）、Scholz（2008）等］。管理层为了挽回公司财务重述的严重后果，审计意见购买动机增强，因而审计低质量导致公司财务重述增加，公司财务重述后滋生更低的审计质量，进而形成恶性循环。集团内公司受同一控制人控制，各公司管理层联系紧密，公司财务重述给公司和行业以及集团带来的严重负市场反应，以及公司财务重述后代理人面临的压力［Desai（2006）、Hennes et al.（2008）、Burks（2010）等的研究均表明，重述后公司高管变更的比率升高］，为集团内其他公司管理层传递"警示"信号，根据信号传递理论，集团内其他公司管理层和相应审计师，都会随着信号而调整自己的决策，比如减少盈余管理，谨慎出具"清洁"审计意见等，从而提高审计质量。

综上所述，委托人和代理人效用函数的不一致，以及委托—代理契约的不完全性，使代理人有盈余管理和审计意见购买动机。当审计师的预期收益大于其预期风险时，就可能选择与公司管理层合谋出具"清洁"审计意见，从而造成当期审计质量低下和后期公司财务报表重述。基于信号传递理论，公司财务重述给公司带来严重负市场反应，并造成集团内负经济溢出效应。公司的负市场反应引起公司管理层新一轮的审计意见购买动机和交易，使审计质量再次下降。公司财务重述的严重后果有因传递"警示"信号而对集团内审计质量产生的正溢出效应。其具体理论框架见图 3 - 1。

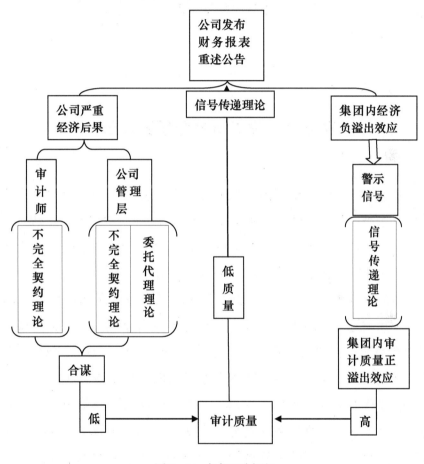

图 3 - 1　本书理论框架

第 4 章

公司财务重述年的审计质量

第一节 理论分析与研究假设

公司财务重述是由于前期财务报表存在错报、漏报等现象，事后对其进行补充更正的行为。从本书表 1 – 4 中可知，从 2001 2014 年 14 年间 3159 家重述公司中，涉及利润调整的重述公司比例高达 74.83%，也就是说，近 3/4 的公司重述与利润有关。现有文献如 Dechow（2000）发现，公司管理层的财务操纵和欺诈行为是导致公司财务重述的主要原因，尤其是涉及盈余调整的财务重述极有可能是管理层的财务操纵引起的。Richardson et al.（2003）认为，市场对于重述公司在未来盈利增长方面给予了更高的期望，管理层迫于资本市场的压力，有动机进行盈余操纵以维持盈利增长或超过预期盈利，最终导致了更频繁的财务重述。Callen（2006）的研究也显示，当公司盈利下降和利润低于同行业平均水平时发生财务重述的概率增加，表明公司管理层的机会主义行为是造成公司财务重述的重要原因。周晓苏（2011）认为，涉及高报盈余的财务重述主要是由管理层利用财务重述进行盈余管理造成，而不是由准则理解偏差或业务复杂造成。可见，财务重述公司被重述当年财务报表的错报和漏报不是偶然的，而是在公司管理层的主观意愿下必然发生的。审计师作为独立的第三方，对公司内部控制制度的有效性以及财务报告重大方面的合法性、真实性和一致性进行审查和验证。财务重述公司被重述年财务报表的错报和漏报，是没有被审计师发现吗？王霞、张为国（2005）回答了这个问题，他们发现审计师能发现财务重述公司被重述年度的蓄意错报行为，并会反映在审计意见中，研究还发现，审计师能够揭示重大的盈余管理行为。曹琼、卜华等（2013）研究发现，盈余管理与"非清洁"审计意见显著正相关，而较高的审计费用降低了盈余管理与"非清洁"审计意见之间的相关性。可见，重述公司被重述年财务报表中的盈余管理行为已然被审计师所发现，但是审计师没有将这些错报和漏报反映在审计意见中，而是出具了"清洁"审计意见。这说明，重述公司管理层在被重述年的盈余管理程度不够重，重述公司在被重述年获得"清洁"审计意见，很可能是管理层向审计师进行了审计意见购买。因此这里提出本章第一个假设并检验。

研究假设 4 - 1：重述公司在被重述年可能存在审计意见购买交易，这种交易在管理层的盈余管理幅度较小时可以实现。

DeAngelo（1981）基于声誉理论指出，事务所规模是其高质量审计的基本保障。事务所规模越大，拥有的客户越多，越注重自己的声誉，同时，事务所规模越大，相对于客户的议价能力越强，利益屈从的动机就越小。因而，"大所"的独立性往往高于"小所"。Khurana and Raman（2004）基于诉讼风险提出，由于"大所"面临更高的诉讼风险而提供高质量审计。Francis and Wang（2008）则认为，事务所规模与审计质量的关系受到周围环境影响，法制环境越完善的国家，事务所规模与审计质量的正相关性越强。曾亚敏、张俊生（2010）认为，"大所"承担较大法律责任风险，受到品牌和声誉约束，与被审计公司管理层合谋的动机较小，因此事务所规模与审计质量正相关。

我国审计市场属竞争型市场，"大所"需要在自己的声誉和市场份额之间进行权衡。陈艳萍、杨淑娥（2010）研究表明，虽然我国审计市场受到做大做强战略的推动有集中趋势，但集中化程度仍较低。审计市场的恶劣竞争使审计事务所无意于审计质量的提高。Chakrabarty et al.（2015）研究表明，对于审计师而言，在保留客户动机和声誉动机中，保留客户动机占主导地位，因为审计师的补偿性收入来源于他们客户的数量（Knechel、Niemi and Zerni，2013），况且欺诈被发现的可能性比较小（Dyck、Morse and Zingales，2013）。刘峰等（2007）指出，我国审计诉讼风险较低，民事诉讼机制的弱化是导致法律风险环境不能发挥其有效治理的一个重要原因。目前，我国对审计事故的惩处基本限于行政处罚。也有研究如 Chan and Wu（2011）指出，中国审计市场也应有类似于美国的监管效应，虽然中国的诉讼风险水平较低，但政府机构对事务所质量也有监督机制，对审计质量有压力的惩罚措施，如公开谴责、警告、罚款、暂停或吊销执业资格甚至判刑等。吴昊旻等（2015）研究却表明，惩戒风险并未凸显出对于事务所"规模—质量"的正向关联。基于上述分析可知，现有研究得出的"规模—质量"正相关结论，不一定适用于我国 A 股市场。虽然也有部分研究表明，我国 A 股市场事务所规模与其审计质量正相关，这些研究基于的声誉理论、诉讼风险理论却不完全符合我国实际和现状。因此提出本章第二个假设并检验。

研究假设 4 - 2：我国 A 股市场，事务所规模与审计质量之间没有显著正相关。

关于审计费用变化与审计质量的相互关系，一直是学者们探索的焦点问题，但到目前为止，并未得到一致结论。主要观点有两种：审计投入观和经济依赖观。审计投入观认为，高审计费用是审计师高审计投入的结果，或者是审计师行业专家声誉价值的体现。审计师投入越多，越有可能发现被审计公司的欺诈行为，行业专家声誉越高的审计师越有能力保障被审计财务报表的信息质量。而较低的审计费用往往是会计师事务所为了在竞争中获得价格优势而省略了一些审计程序以降低审计成本，没有必要审计程序保证的审计报告必定是低质量的（约翰·海普等，2002）。DeAngelo（1981）认为，如果管理者有欺诈行为，有可能通过减少审计费用、使审计师减少工作量而无法发现其欺诈行为，审计人员的经济收入依赖客户，因此其为了迎合客户的要求以获得未来的费用，从而出具低质量的审计报告。Mitra et al.（2009）指出，审计师因收取异常高审计费用而付出更多努力，进而出具高质量的审计报告，审计费用降低则意味着审计师付出努力少，而出具的审计报告质量较低。Blankley et al.（2012）发现，支付正向异常审计收费的被审计单位，其财务报表盈余重述概率相应较低。Lobo and Zhao（2013）也指出，审计师会为了保留客户，在接受较低审计费用的同时，为客户隐瞒欺诈并出具较低质量的审计报告。Chakrabarty et al.（2015）研究也表明，对于审计师而言，在保留客户动机和声誉动机中，保留客户动机占主导地位，即使客户降低审计费用，审计师也会为了保留客户而出具低质量审计报告。我国学者段特奇等（2013）发现，在中国资本市场负向异常审计收费与审计质量负相关。

经济依赖观认为审计师对向客户收取的审计费用具有依赖性，审计费用越高，审计师的独立性越差，审计质量越低（Kinney & Libby，2002）。Simunic（1980）、Francis（1984）、Francis et al.（1987）等研究均发现正向异常审计费用与审计质量负相关。唐跃军（2007、2009）发现上市公司审计费用异常增加，公司被出具"非清洁"审计意见的概率下降，审计质量下降。方军雄、洪剑峭（2008）也认为，提升审计费用是我国上市公司审计意见购买的主要手段，正向异常审计费用与审计意见改善显著正相关。

还有学者基于议价能力的角度来分析。Dye（1991）指出，审计费用的高低取决于客户与事务所的相对议价能力。Casterella et al.（2004）、Huang et al.（2007）用客户议价能力来衡量客户的重要性水平，认为大客户和重要客户在审计收费上会受到事务所给予折扣。Asthana and Boone（2012）研究发现，随着审计费用的异常偏低，审计质量下降，而客户议价能力有助于增加这种相关性。在激烈的竞争中，议价能力弱的审计师有降低审计质量的需求（Casterella et al.，2004）。曹强等（2012）研究发现，越是重要的客户，审计师越不倾向于对财务重述公司出具严厉的审计意见。但是，当客户风险性质超过一定严重程度，客户重要性与严厉审计意见的负相关性消失。表明，客户议价能力仅仅在风险可控范围内有效。我国属于竞争型审计市场，审计事务所原本属于弱势，公司如果增加审计费用，管理层必然对事务所有所要求，最直接的需求是改善审计意见。

基于上述论述，本章提出对立性假设并检验。

研究假设 4 – 3 （a）：审计费用增加，审计质量提高。

研究假设 4 – 3 （b）：审计费用增加，审计质量降低。

第二节 研究设计与样本选取

一 变量定义与说明

（一）审计质量

本书选取发布财务重述公告的公司为研究对象，用重述公司被重述年的审计意见类型来度量审计质量。重述公司在被重述年的财务报表有瑕疵却获得"清洁"审计意见则认为审计是低质量的。

（二）盈余管理

1. 修正 Jones 模型

Dechow et al. （1995）指出，修正的 Jones 模型是目前度量应计盈余管理的最有效模型。因此本书选用修正 Jones 模型计算出的可操控应计利润来度量应计盈余管理。首先，通过对模型（4 - 1）使用 OLS 方法进行分年度、分行业分别估计出 α_0、α_1、α_2，其次将估计的系数代入模型（4 - 2）中计算出非操控应计利润，最后将模型（4 - 2）估计得到的非操控应计利润代入模型（4 - 3），进而求出可操控性应计利润。

计算如下：

$$\frac{TA_{it}}{A_{i(t-1)}} = \alpha_0 + \left(\frac{\alpha_1}{A_{i(t-1)}}\right) + \alpha_2\left(\frac{\Delta REV_{it} - \Delta REC_{it}}{A_{i(t-1)}}\right) + \alpha_3\left(\frac{PPE_{it}}{A_{i(t-1)}}\right) + \varepsilon_{it}$$

$$(4 - 1)$$

$$\frac{NDA_{it}}{A_{i(t-1)}} = \hat{\alpha_0} + \left(\frac{\alpha_1}{A_{i(t-1)}}\right) + \hat{\alpha_2}\left(\frac{\Delta REV_{it} - \Delta REC_{it}}{A_{i(t-1)}}\right) + \hat{\alpha_3}\left(\frac{PPE_{it}}{A_{i(t-1)}}\right) + \varepsilon_{it}$$

$$(4 - 2)$$

$$DA_{it} = \frac{TA_{it}}{A_{i(t-1)}} - \frac{NDA_{it}}{A_{i(t-1)}}$$

$$(4 - 3)$$

其中，i 表示公司，t 表示被重述年。TA_{it} 为会计净利润减去经营活动现金净流量后的总应计利润；$A_{i(t-1)}$ 为年初资产总值；ΔREV_{it} 为营业收入变动额；ΔREC_{it} 为应收账款变动额；PPE_{it} 为固定资产净值；以上变量均用年初总资产进行调整，$\frac{NDA_{it}}{A_{i(t-1)}}$ 为非操控应计利润的估计值，DA_{it} 为可操控应计利润。

2. KLW 模型

Kothari et al. （2005）在修正 Jones 模型中加入了公司资产收益率（ROA）和截距项。

$$\frac{TA_{it}}{A_{i(t-1)}} = \alpha_0 + \left(\frac{\alpha_1}{A_{i(t-1)}}\right) + \alpha_2\left(\frac{\Delta REV_{it} - \Delta REC_{it}}{A_{i(t-1)}}\right) + \alpha_3\left(\frac{PPE_{it}}{A_{i(t-1)}}\right)$$
$$+ \alpha_4 ROA_{it} + \varepsilon_{it} \qquad\qquad (4-4)$$

$$\frac{NDA_{it}}{A_{i(t-1)}} = \widehat{\alpha_0} + \left(\frac{\widehat{\alpha_1}}{A_{i(t-1)}}\right) + \widehat{\alpha_2}\left(\frac{\Delta REV_{itit} - \Delta REC_{it}}{A_{i(t-1)}}\right) + \widehat{\alpha_3}\left(\frac{PPE_{it}}{A_{i(t-1)}}\right)$$
$$+ \alpha_4 ROA_{it} + \varepsilon_{it} \qquad\qquad (4-5)$$

$$DA_{it} = \frac{TA_{it}}{A_{i(t-1)}} - \frac{NDA_{it}}{A_{i(t-1)}} \qquad\qquad (4-6)$$

其中，模型（4-4）和模型（4-5）中 ROA_{it} 为总资产收益率，其他变量和计算过程与修正 Jones 模型一致，DA_{it} 为可操控应计利润，其具体内涵与修正 Jones 模型相同。为了使本书的结果更可靠，除了使用修正 Jones 模型外本书在稳健性检验中还使用 KLW 模型再次计算可操控应计利润来度量应计盈余管理。

3. 议价能力

本书借鉴喻小明等（2008）的研究，以单个客户公司总资产的自然对数与事务所所有上市公司客户总资产自然对数之和的比值度量客户的议价能力。

$$FCI = \frac{LN(TA)}{\sum\limits_{m=1}^{M} LN(TA)} \qquad\qquad (4-7)$$

其中，TA 为客户总资产，M 为事务所审计的所有上市公司数。

表 4-1   **变量说明**

变量	说明	具体定义
OP	审计意见	公司获得"清洁"审计意见为1，否则为0
ΔFee	审计费用的变化率	（本年审计费用 – 上年审计费用）／上年审计费用
$lnFee$	审计费用的自然对数	$lnFee = ln$（审计费用）
SW	变更审计师	如果公司当年变更审计师为1，否则为0

变量	说明	具体定义
SA	变更事务所	如果公司当年变更事务所为1，否则为0
Big4	事务所规模	公司聘请的审计事务所为"四大"，则为1，否则为0
Big10	事务所规模	公司聘请的审计事务所为"十大"，则为1，否则为0
DA	盈余管理幅度	修正 Jones 模型计算出来的可操控应计利润
FCI	议价能力	$FCI = \dfrac{LN(TA)}{\sum\limits_{m=1}^{M} LN(TA)}$
ROE	净资产收益率	当年净利润除以年末总资产
Loss	盈利状况	如果公司当年净利润小于0则为1，否则为0
Lev	资产负债率	年末总负债除以总资产
Size	规模	年末总资产的自然对数
Rec	应收账款占总资产比	年末应收账款除以总资产
Year	年份	—
Industry	行业	

二　基本模型

（一）重述公司被重述年公司变更审计师、变更事务所和提高审计费用对审计意见的影响

$$OP_{it} = \alpha_0 + \alpha_1 SW_{it} + \alpha_2 \Delta Fee_{it} + \alpha_3 SA_{it} + \alpha_4 OP_{i(t-1)} + \alpha_5$$
$$Big10_{it} + \alpha_6 Roe_{it} + \alpha_7 Loss_{it} + \alpha_8 Lev_{it} + \alpha_9 Size_{it}$$
$$+ \alpha_{10} Rec_{it} + Year + Industry + \varepsilon_{it} \qquad (4-8)$$

现有研究表明，公司管理层购买审计意见的方式主要有变更审计师，变更事务所和提高审计费用，因此，本书用 Logistic 回归模型（4-8）来检验重述公司在被重述年是否有通过变更审计师、变更事务所和提高审计费用来改善审计意见。

（二）重述公司在被重述年和重述披露年盈余管理幅度与审计意见的相关性检验

$$OP_{it} = \alpha_0 + \alpha_1 DA_{it} + \alpha_2 OP_{i(t-1)} + \alpha_3 Big10_{it} + \alpha_4 Roe_{it} + \alpha_5$$
$$Loss_{it} + \alpha_6 Lev_{it} + \alpha_7 Size_{it} + \alpha_8 Rec_{it} + Year$$
$$+ Industry + \varepsilon_{it} \qquad\qquad (4-9)$$

$$OP_{it} = \alpha_0 + \alpha_1 DA_{it} + \alpha_2 SW_{it} + \alpha_3 \Delta Fee_{it} + \alpha_4 SA_{it} + \alpha_5 OP_{i(t-1)}$$
$$+ \alpha_6 Big10_{it} + \alpha_7 Roe_{it} + \alpha_8 Loss_{it} + \alpha_9 Lev_{it} + \alpha_{10} Size_{it}$$
$$+ \alpha_{11} Rec_{it} + Year + Industry + \varepsilon_{it} \qquad\qquad (4-10)$$

本书用 Logistic 回归模型（4-9）和模型（4-10）检验重述公司在被重述年和重述公告年公司盈余管理幅度与审计意见之间的相关性。模型（4-10）比模型（4-9）多控制了重述公司的审计费用，通过公司是否变更审计师和公司是否变更事务所来观测重述公司在被重述年是否存在审计意见购买交易。曹琼、卜华等（2013）研究发现在盈余管理幅度较大的公司，盈余管理幅度与"非清洁"审计意见显著正相关。因此本书预期重述公司盈余管理幅度与"清洁"审计意见之间具有负相关性，控制审计费用、公司是否变更审计师和公司是否变更事务所后，这种相关性应该增强。

（三）事务所规模与审计质量的相关性检验

$$OP_{it} = \alpha_0 + \alpha_1 Big10_{it} + \alpha_2 \Delta Fee_{it} + \alpha_3 OP_{i(t-1)} + \alpha_4 Roe_{it} + \alpha_5 Loss_{it}$$
$$+ \alpha_6 Lev_{it} + \alpha_7 Size_{it} + \alpha_8 Rec_{it} + Year + Industry + \varepsilon_{it}$$
$$(4-11)$$

$$OP_{it} = \alpha_0 + \alpha_1 Big4_{it} + \alpha_2 \Delta Fee_{it} + \alpha_3 OP_{i(t-1)} + \alpha_4 Roe_{it} + \alpha_5 Loss_{it}$$
$$+ \alpha_6 Lev_{it} + \alpha_7 Size_{it} + \alpha_8 Rec_{it} + Year + Industry + \varepsilon_{it}$$
$$(4-12)$$

目前关于事务所规模与审计质量之间的研究并未得到一致结论，虽然现有研究基于声誉理论和诉讼成本理论认为事务所规模与审计质量之间正相关，本书用 Logistic 回归模型（4-11）、模型

（4 - 12）检验该结论在我国审计市场是否成立，由于我国审计市场尚属于激烈竞争型，故本书对该相关性不作预期。

（四）审计费用与审计质量的相关性检验

$$lnFee_{it} = \alpha_0 + \alpha_1 CFI_{it} + \alpha_2 OP_{i(t-1)} + \alpha_3 Roe_{it} + \alpha_4 Loss_{it} + \alpha_5 Lev_{it}$$
$$+ \alpha_6 Size_{it} + \alpha_7 Rec_{it} + Year + Industry + \varepsilon_{it} \quad (4 - 13)$$

$$OP_{it} = \alpha_0 + \alpha_1 FCI_{it} + \alpha_2 \Delta Fee_{it} + \alpha_3 OP_{i(t-1)} + \alpha_4 Roe_{it} + \alpha_5 Loss_{it}$$
$$+ \alpha_6 Lev_{it} + \alpha_7 Size_{it} + \alpha_8 Rec_{it} + Year + Industry + \varepsilon_{it}$$

$$(4 - 14)$$

$$OP_{it} = \alpha_0 + \alpha_1 \Delta Fee_{it} + \alpha_2 OP_{i(t-1)} + \alpha_3 Roe_{it} + \alpha_4 Loss_{it} + \alpha_5 Lev_{it}$$
$$+ \alpha_6 Size_{it} + \alpha_7 Rec_{it} + Year + Industry + \varepsilon_{it} \quad (4 - 15)$$

本书用 OLS 回归模型（4 - 13）检验公司议价能力与审计费用之间的相关性，用 Logistic 回归模型（4 - 14）检验公司议价能力与公司审计质量之间的相关性，模型中控制了审计费用，以剔除审计费用对审计质量的影响。根据现有研究，本书预期公司议价能力与审计费用之间负相关，与公司审计质量也负相关，进而假设 4 - 3（a）审计费用与审计质量正相关成立。用 Logistic 回归模型（4 - 15）直接检验审计费用与审计质量的相关性，基于假设 4 - 3（a）、4 - 3（b）为对立假设，本书对模型结果不作预期。

以上模型本书根据以往研究控制了上一年度审计意见（OP）、净资产收益率（Roe）、公司是否亏损（Loss）、资产负债率（Lev）、公司规模（Size）、应收账款占总资产比（Rec）、行业（Industry）和年度（Year）。

三　数据来源及样本选取

本书选取 CSMAR 数据库中 2001—2014 年被重述的 A 股主板上市公司为研究对象，研究过程中剔除银行、保险等金融公司和变量缺失的公司。此外，由于盈余操纵受多种动机影响，为了避免样本中包含其他盈余操纵动机对本章研究结果产生影响，本书分别剔除了股票增发当年及前三年、配股当年及前三年的样本，最终得到 3047 个样本。为了消除极端值的影响，本书对除了哑变量之外的其他所有连续变量（包括应计盈余管理在内）都进行了上下 1% 的 Winsorize 处理。

第三节　实证结果与分析

一　样本描述性统计

（一）

表 4 - 2 和表 4 - 3 分别为财务重述公司被重述年和重述公告年的样本描述性统计。由于财务重述公司在一份财务重述公告中可能对过去几年的财务报表同时进行重新表述，所以被重述年的观测值 3047 大于重述公告年的观测值 1992。从具体描述性统计本书可以看出在被重述年盈余管理（DA）均值 0.401 大于中位数 0.388，表明样本呈现右偏，而在重述公告年盈余管理（DA）基本呈正态分布。被重述年和重述公告年"清洁"审计意见（OP）的均值分别为 0.835 和 0.867，说明财务重述公司在被重述年有 83.5% 的公司获得"清洁"审计意见，重述公告年有 86.7% 的公司获得"清洁"审计意见。被重述年和重述公告年事务所规模（Big10）的均值分别为 0.128 和 0.191，说明财务重述公司在被重述年有 12.8% 的公司获得"清洁"审计意见，重述公告年有 19.1% 的公司获得"清洁"审计意见。被重述年变更事务所（SA）、变更审计师（SW）的均值分别为 0.340 和 0.388，说明重述公司被重述年 34% 的公司变更事务所，38.8% 的公司变更审计师，而重述公告年变更事务所（SA）、变更审计师（SW）的均值分别为 0.305 和 0.394，说明重述公司被重述年 30.5% 的公司变更事务所，39.4% 的公司变更审计

师。被重述年和重述公告年亏损（*Loss*）的均值分别为 0.187 和 0.169，表明财务重述公司在被重述年有 18.7% 的公司处于亏损状态，重述公告年有 16.9% 的公司处于亏损状态。公司其他特征变量净资产收益率（*ROE*）、资产负债率（*Lev*）、公司规模（*Size*）、应收账款占总资产比（*Rec*）均基本呈正态分布。

表 4 - 2   财务重述公司被重述年样本描述性统计

变量	观测值	均值	标准差	最小值	25%	中位数	75%	最大值
OP	3047	0.835	0.363	0	1	1	1	1
Δ*Fee*	3047	0.097	0.348	− 0.946	0	0	0.133	1.925
SW	3047	0.388	0.487	0	0	0	1.000	1
SA	3047	0.340	0.474	0	0	0	1.000	1
*Big*10	3047	0.128	0.334	0	0	0	0	1
*Big*4	3074	0.318	0.440	0	0	0	0	1
DA	3047	0.401	0.431	0.001	0.195	0.388	0.606	1.960
FCI	3047	0.070	0.131	0.002	0.022	0.039	0.062	0.990
ROE	3047	0.048	0.601	− 5.000	0.012	0.052	0.104	5.510
Loss	3047	0.187	0.390	0	0	0	0	1
Lev	3047	0.577	0.382	0.009	0.387	0.542	0.669	3.520
Size	3047	21.310	1.275	12.314	20.554	21.178	21.960	30.571
Rec	3047	0.132	0.119	− 0.007	0.037	0.103	0.194	0.594

表 4 - 3   财务重述公司重述公告年样本描述性统计

变量	观测值	均值	标准差	最小值	25%	中位数	75%	最大值
OP	1992	0.867	0.340	0	1	1	1	1
Δ*Fee*	1992	0.050	0.321	− 0.769	0	0	0.111	1.500
SW	1992	0.394	0.489	0	0	0	1	1
SA	1992	0.305	0.460	0	0	0	1	1
*Big*10	1992	0.191	0.393	0	0	0	0	1
*Big*4	1992	0.354	0.420	0	0	0	0	1
DA	1992	0.386	0.731	0.001	0.180	0.396	0.611	1.000
ROE	1992	0.004	0.557	− 4.500	0.397	0.047	0.105	3.500
Loss	1992	0.169	0.375	0	0	0	0	1
Lev	1992	0.575	0.334	0.000	0	0.544	0.685	2.642
Size	1992	21.429	1.273	14.937	20.650	21.359	22.123	28.053
Rec	1992	0.113	0.113	− 0.005	0.029	0.080	0.167	0.862

（二）

表4-4列示的是财务重述公司被重述年和重述公告年变更审计师和变更事务所的比率以及相应的审计意见清洁率。首先，从表4-4中看到重述公司在被重述年变更审计师后审计意见清洁率显著增加，变更审计师后的审计意见清洁率高达87.79%，远远高于全样本审计意见清洁率的均值83.52%，并在1%水平下显著。而重述公告年变更审计师后的审计意见清洁率88.55%略高于均值86.65%。由此本书不得不对重述公司被重述年变更审计师的动机提出质疑。其次，还发现虽然重述公司被重述年的换所率高于重述公告年，但不论被重述年还是重述公告年变更事务所都没有显著改善审计意见。结合表4-5关于审计事务所规模与审计意见的资料，可以发现审计事务所在对新客户的审计工作中持更谨慎态度。如表4-5所示，重述公司在被重述年度除Big4变更Big4的审计意见清洁率93.75%高于均值83.67%外，Big4变更非Big4、非Big4变更Big4和非Big4变更非Big4的审计意见清洁率都小于均值83.39%，尤其是非Big4变更Big4审计意见清洁率最低，只有71.43%。从表4-5中可看到这个规律不仅在Big4和非Big4的换所中存在，在Big10和非Big10的变更中也存在。说明审计事务所在对第一次审计的新客户的审计工作中普遍持谨慎态度，尤其是"大所"对曾聘请"小所"审计过的客户更为谨慎，而"大所"对"大所"的信赖程度相对较高。最后，留用现任审计师的重述公司在被重述年的审计意见清洁率84.52%也略高于均值83.52%。从表4-6重述公司变更审计师、变更事务所和审计费用变化的表中可以看出，留用现任审计师的重述公司在被重述年的审计费用上升率41.33%明显高于变更审计师重述公司的38.24%和变更审计事务所公司的35.21%和均值38.36%，而且审计费用增加后审计意见清洁率高达92.25%，远远高于均值88.03%，而变更审计师和变更事务所得重

述公司在提高审计费用后并没有发现审计意见清洁率明显高于均值。由此可知，重述公司在被重述年如果沿用现任审计师，往往会通过提高审计费用而获得更好的审计意见。

表 4 – 4　　　　　　重述公司被重述年与重述公告年的换师、
换所率及审计意见清洁率

审计意见清洁率		变更审计师		变更事务所		留用现任审计师	
		比重	清洁意见率（T）	比重	清洁意见率（T）	比重	清洁意见率（T）
被重述年	83.52%	37.27%	87.79% ***	37.25%	80.26% **	25.83%	84.52%
—	—	—	（ -3.29）	—	（2.42）	—	（ -1.04）
重述	86.65%	39.39%	88.55% ***	31.51%	83.72%	30.10%	86.86%
公告年	—	—	（ -2.60）	—	（0.01）	—	（ -1.00）

注：*、**、*** 分别表示在 10%、5% 和 1% 的显著水平下显著。

从以上论述可知，重述公司在被重述年的财务报表发生错报、漏报而没有及时披露，在后期才进行补充公告。这些财务报表中的错报、漏报并非没有被当时的审计师发现，而是存在公司管理层与审计师的勾结舞弊行为，即重述公司在被重述当年存在审计意见购买行为。以上数据也说明，重述公司在被重述当年的审计意见购买主要通过变更审计师和提高现任审计师的审计费用实现。这刚好与本书的假设 4 – 1 相符。

（三）

表 4 – 5 列示了事务所规模和重述公司的审计意见清洁率，从表中看到，重述公司在被重述年由事务所 *Big*4 审计的审计意见清洁率 87.63% 高于非 *Big*4 审计的审计意见清洁率 83.39%，由事务所 *Big*10 审计的审计意见清洁率 86.63% 高于非 *Big*10 审计的审计

表4-5 事务所规模、审计意见与审计费用

被重述/披露	当年事务所规模	占样本比重	清洁意见率	当年度事务所规模 比重	清洁意见率	Fee上升比重	Fee下降比重	上一年度事务所规模 比重	清洁意见率	Fee上升比重	Fee下降比重
被重述当年	Big4	3.18%	87.63%	1.41%	93.75%	44.44%	0.00%	1.85%	71.43%	66.67%	33.33%
当年	Nobig4	96.82%	83.39%	1.50%	82.35%	14.29%	85.71%	95.24%	80.20%	34.90%	15.81%
披露当年	Big4	3.54%	95.05%	0.90%	100.00%	33.33%	0.17%	2.47%	81.82%	53.33%	20.00%
披露当年	Nobig4	96.46%	84.47%	1.69%	92.86%	10.00%	70.00%	95.06%	79.08%	33.19%	19.24%

被重述/披露	当年事务所规模	占样本比重	清洁意见率	当年度事务所规模 比重	清洁意见率	Fee上升比重	Fee下降比重	上一年度事务所规模 比重	清洁意见率	Fee上升比重	Fee下降比重
被重述当年	Big10	12.77%	86.63%	8.55%	87.63%	40.79%	11.84%	9.16%	78.85%	45.78%	14.46%
当年	Nobig10	87.23%	83.07%	3.96%	71.11%	38.46%	46.15%	78.33%	80.09%	21.59%	16.05%
披露当年	Big10	19.11%	88.99%	9.63%	38.42%	40.51%	12.66%	3.04%	0.00%	38.89%	15.08%
披露当年	Nobig10	80.89%	82.93%	4.77%	32.98%	21.05%	60.53%	13.49%	0.00%	33.40%	18.00%

注：*、**、***分别表示在10%、5%和1%的显著水平下显著。

数据来源：国泰安数据服务中心CSMAR系列数据库，经作者计算整理得出。

表4-6　　公司变更审计师、变更事务所和审计费用变动与审计意见

审计费用	被重述年		变更审计师		变更事务所		留用现任审计师	
	样本比重	清洁意见率	样本比重	清洁意见率	样本比重	清洁意见率	样本比重	清洁意见率
费用上升	38.36%	88.03%	38.24%	87.52%	35.21%	84.38%	41.33%	92.26%
上升超过10%	75.94%	87.10%	76.65%	86.74%	75.39%	80.31%	78.06%	91.74%
费用下降	15.03%	80.25%	14.72%	80.09%	16.51%	80.00%	15.47%	84.48%
下降超过10%	79.01%	78.52%	77.31%	78.44%	73.33%	77.27%	81.03%	82.98%
审计费用	重述公告年		变更审计师		变更事务所		留用现任审计师	
	样本比重	清洁意见率	样本比重	清洁意见率	样本比重	清洁意见率	样本比重	清洁意见率
费用上升	34.50%	87.05%	33.90%	85.99%	33.29%	84.39%	37.48%	88.60%
上升超过10%	76.45%	85.97%	77.85%	85.56%	77.64%	80.98%	74.61%	86.11%
费用下降	15.95%	80.80%	16.89%	79.51%	8.33%	73.94%	13.98%	90.28%
下降超过10%	80.80%	79.87%	80.21%	78.79%	80.28%	73.68%	83.33%	88.33%

注:*、**、***分别表示在10%、5%和1%的显著水平下显著。

数据来源:国泰安数据服务中心CSMAR系列数据库,经作者计算整理得出。

意见清洁率83.07%。重述公司在被重述年财务报表存在瑕疵没有被要求披露和公告，反而还获得"清洁"审计意见，说明当年的审计报告是低质量的，审计意见清洁率越高，则审计质量越低。*Big*4和*Big*10出具的审计报告质量并没有高于非*Big*4和非*Big*10。可见，我国审计市场的高度竞争使得事务所无力于提供高质量审计，包括"大所"也把市场份额看得比声誉更重要。

（四）

表4-6列示了重述公司在被重述年和重述公告年的审计费用变动和审计意见，从表中可以看到，不论在重述年还是在重述公告年重述公司的审计费用上升后，其审计意见清洁率均高于审计费用下降后的审计意见清洁率。在被重述年的重述公司审计费用上升后审计意见清洁率为88.03%远远高于审计费用下降后的80.25%，虽然审计费用增加超过10%后没有出现审计意见清洁率的较大提高，但是审计费用下降超过10%后，审计意见清洁率却明显下降，被重述年审计费用下降超过10%后，审计意见清洁率由80.25%下降到78.52%。重述公司在被重述年财务报表存在瑕疵而被出具清洁审计意见本身就意味着审计低质量，审计意见清洁率越高，则审计质量越低。虽然我国审计市场属于高竞争性市场，但从表4-6来看，审计费用大幅下降却没有出现审计师为了保留客户而出具低质量审计报告，正如Krau（2013）的研究表明审计费用降低只是为了竞争，并不影响审计质量。审计费用大幅增加也没有发现审计师付出更多努力而提高审计质量，反而是伴随着审计费用的增高审计意见清洁率也增高，审计质量下降。因此，审计费用的增高应该是由于审计意见购买行为的影响，从而会导致审计质量的下降。

表4-5中还列示了事务所规模与审计费用变化之间的关系，结合表4-5可以看到，重述公司被重述年聘请的会计师事务所规模从*Big*4换为非*Big*4时，审计费用上升的比率为14.29%，下降的比

率却高达 85.71%。而会计师事务所规模从非 *Big*4 换为 *Big*4 时，审计费用上升的比率为 34.90%，下降的比率却只有 15.81%；再看 *Big*10，同样是重述公司被重述年聘请的会计师事务所规模从 *Big*10 换为非 *Big*10 时，审计费用上升的比率为 38.46%，下降的比率却有 46.15%。而会计师事务所规模从非 *Big*10 换为 *Big*10 时，审计费用上升的比率为 21.59%，下降的比率却只有 16.06%，这些数据表明，当重述公司的审计事务所由"大所"换"小所"时，费用普遍下降，而"小所"换"大所"时，费用则普遍升高，这个规律在重述公司重述公告年也同样存在。由此可见，审计费用与事务所规模密切相关。表 4-7 列示了重述公司的议价能力与审计费用和审计意见清洁率之间的关系。从表 4-7 中可以看到，审计费用除了与事务所规模有关外，还与重述公司议价能力有关，高议价能力的重述公司其审计费用不论从均值（13.31、12.93）还是中位数（13.16、12.90）都低于低议价能力重述公司的均值（13.57、13.15）和中位数（13.46、13.12），由此可见，重述公司的议价能力与审计费用负相关，高议价能力公司可以支付较低的审计费用，低议价能力公司则需要支付较高的审计费用。表 4-7 还列示了重述公司议价能力与审计意见清洁率的关系，从表中可以看到，高议价能力公司的审计意见清洁率（81.82%、84.32%）均低于低议价能力公司的审计意见清洁率（88.46%、85.17%），重述公司中审计意见清洁率越低反映出的审计质量越高，由此说明高议价能力公司的审计质量比低议价能力公司的高，这与假设 4-3（a）不符。由此可见，我国审计市场处于竞争比较激烈状态，公司可以凭借其议价能力而降低审计费用，但是，审计事务所处于声誉等原因并不会因为审计费用低就降低审计质量，反而考虑到高议价能力公司的重要性而更加谨慎。

综上可知，审计费用主要由事务所规模和重述公司的议价能力决定，事务所规模越大，审计费用越高，没有证据表明事务所规模越大，审计质量越高；重述公司议价能力越高，审计费用越低，而此时审计质量则越高；基于审计意见购买行为的影响，审计费用增加，审计质量降低。这些均支持了假设4-3（b），审计费用增加，审计质量降低；没有证据表明审计费用增加，审计质量增高。因此否定假设4-3（a）。

表4-7　　　　　　重述公司被重述年的议价能力与审计费用

公司议价能力	事务所	清洁意见率	Ln（审计费用）					观测值
			均值（T）	中位数（Z）	25%	75%	标准差	
高议价能力	*Big*10	81.82%	13.31 *** (80.37)	13.16 *** (4.25)	12.79	13.82	0.71	20
	*Nobig*10	84.32%	12.93 *** (631.34)	12.90 *** (24.80)	12.61	13.27	0.51	617
低议价能力	*Big*10	88.46%	13.57 *** (266.71)	13.46 *** (14.73)	13.12	13.98	0.75	219
	*Nobig*10	85.17%	13.15 *** (505.85)	13.12 *** (20.95)	12.85	13.46	0.55	418

注：*、**、*** 分别表示在10%、5%和1%的显著水平下显著。

二　单变量检验

在单变量检验中本书对重述公司被重述年和重述公告年的盈余管理幅度进行均值和中位数检验，检验结果见表4-8。结果显示，财务重述公司被重述年的盈余管理幅度中位数显著小于重述公告年，说明，重述公司在被重述年的盈余管理程度确实小于重述公告年。这就解释了为什么重述公司在被重述年实现了审计意见购买目的，而在重述公告年则没有。由此可见，公司的盈余管理幅度在一定范围内时，审计师和事务所的审计风险在其可承受范围内，审计意见购买的交易可以达成，否则审计师和事务所会为了自保而放弃审计意见购买交易。

表 4 - 8　　　　　　**重述公司被重述年与重述公告年的盈余管理幅度**

重述公司	均值	中位数	25%	75%	标准差	观测值
被重述年	0.401	0.388	0.195	0.606	0.431	3047
重述公告年	0.386	0.396	0.18	0.611	0.731	1992
Test difference	0.015	− 0.008 *	—	—	—	—
	(0.962)	(1.712)	—	—	—	—

注：括号内为 T 值，中位数检验为 Z 值， * 、 ** 、 *** 分别表示在 10% 、5% 和 1% 的显著水平下显著。

三　实证结果

（一）

表 4 - 9 列示了重述公司在被重述年和重述公告年变更审计师、变更事务所和增加审计费用对审计意见的改善程度。从表中可以看到，在被重述年的重述公司通过变更审计师和增加审计费用都显著改善了审计意见。由此说明重述公司在被重述年确实存在审计意见购买交易。在重述公告年，重述公司通过变更审计师和增加审计费用也有助于改善审计意见，但结果并不显著。由此可见，重述公司在重述公告年也有微弱审计意见购买交易，但没有被重述年严重。这与假设 4 - 1 相符。

表 4 - 9　　　　　　**重述公司被重述年和重述公告年 SA_{it} 、SW_{it} 、**

ΔFee_{it} 与 OP_{it} 的回归结果

变量	被重述年	重述公告年
	Coeff （z）	Coeff （z）
SA_{it}	0.024	− 0.007
	(1.507)	(− 0.561)
SW_{it}	0.030 **	0.007
	(2.011)	(0.657)

变量	被重述年	重述公告年
	Coeff（z）	Coeff（z）
ΔFee_{it}	0.017*	0.020
	(1.693)	(1.633)
$OP_{i(t-1)}$	0.466***	0.859***
	(24.255)	(45.229)
$Big10_{it}$	-0.001	0.013
	(-0.057)	(1.075)
Roe_{it}	0.006	0.004*
	(1.435)	(1.947)
$Loss_{it}$	-0.255***	-0.178***
	(-15.285)	(-13.495)
Lev_{it}	-0.031***	-0.001
	(-4.893)	(-0.188)
$Size_{it}$	0.016***	0.004
	(2.933)	(1.019)
Rec_{it}	-0.089	-0.108**
	(-1.591)	(-2.541)
Intercept	0.201	—
	(1.631)	
Industry	YES	—
Year	YES	—
观测值	3047	1992
R^2	0.421	0.630

注：*、**、***分别表示在10%、5%和1%的显著水平下显著。

（二）

表4-10列示重述公司在被重述年和重述公告年的盈余管理幅度与审计意见之间的相关性。由于投资者更为关心正向盈余管理，

因此本书将样本按照盈余管理方向分为正向盈余和负向盈余分别进行回归。正如作者预期，不论在被重述年还是重述公告年公司的盈余管理幅度与"清洁"审计意见之间具有负相关性。但是，被重述年和重述公告年重述公司盈余管理幅度与"清洁"审计意见的相关度不同，正向盈余和负向盈余对"清洁"审计意见的相关度也不同。首先，不论正向盈余还是负向盈余被重述年重述公司的盈余管理幅度与"清洁"审计意见的负相关都不显著，而重述公告年正向盈余与清洁审计意见则在 10% 水平下显著负相关，说明，重述公司重述公告年的审计质量高于被重述年。其次，被重述年正向盈余与"清洁"审计意见的相关性（-0.022）低于负向盈余与清洁审计意见的相关性（-0.059），控制变更审计师、变更事务所和审计费用变化率后正向盈余与清洁审计意见的相关性（-0.023）有所增强，显著性（-1.63）也有所增强，而负向盈余在控制变更审计师、变更事务所和审计费用变化率后与清洁审计意见的相关性（-0.059）没有变化，显著性（-0.79）也没有变化。同时，重述公告年控制变更审计师、变更事务所和审计费用变化率后正向盈余与清洁审计意见的相关性也没有明显变化。说明，重述公司被重述年审计质量较低，且存在严重审计意见购买问题。最后，在被重述年，变更审计师、增加审计费用均可以显著改善审计意见，尤其是在正向盈余的重述公司中，而重述公告年则未发现变更审计师、增加审计费用可显著改善审计意见。由此可见，重述公司在被重述年确实存在审计意见购买交易，而且主要是通过变更审计师和提高审计费用来实现，结论也与本书的假设 4-1 相符（表 4-10 见下页）。

（三）

模型（4-11）列示了重述公司被重述年 Big10 与"清洁"审计意见之间的相关关系，模型（4-12）列示的是重述公司被重述年 Big4 与"清洁"审计意见之间的相关关系。从表中可以看到，Big10

表4—10　　重述公司盈余管理幅度与"清洁"审计意见的回归

变量	正向盈余回归结果 被重述年 模型(4-9) Coeff (z)	模型(4-10) Coeff (z)	重述公告年 模型(4-9) Coeff (z)	模型(4-10) Coeff (z)	负向盈余回归结果 被重述年 模型(4-9) Coeff (z)	模型(4-10) Coeff (z)	重述公告年 模型(4-9) Coeff (z)	模型(4-10) Coeff (z)
DA_{it}	-0.022 (-1.34)	-0.023 (-1.63)	-0.160* (-1.82)	-0.130* (-1.86)	-0.059 (-0.79)	-0.059 (-0.79)	-0.016 (-1.24)	-0.018 (-1.27)
$OP_{i(t-1)11}$	0.394*** (13.04)	0.394*** (12.98)	0.806*** (23.60)	0.810*** (23.60)	0.435*** (16.91)	0.437*** (16.98)	0.848*** (32.80)	0.847*** (32.74)
$Big10_{it}$	-0.034 (-1.26)	-0.033 (-1.23)	-0.015 (-0.81)	-0.015 (-0.79)	0.018 (0.75)	0.019 (0.78)	0.026 (1.60)	0.030* (1.78)
Roe_{it}	0.046** (2.28)	0.047** (2.32)	0.017 (1.20)	0.019 (1.32)	0.004 (0.24)	0.004 (0.23)	0.031** (2.46)	0.032** (2.51)
$Loss_{it}$	-0.190*** (-7.49)	-0.191*** (-7.49)	-0.198*** (-9.70)	-0.198*** (-9.65)	-0.250*** (-11.07)	-0.247*** (-10.88)	-0.144*** (-7.93)	-0.144*** (-7.90)
Lev_{it}	-0.228*** (-7.70)	-0.230*** (-7.75)	-0.053** (-2.11)	-0.052** (-2.03)	-0.132*** (-5.52)	-0.132*** (-5.53)	-0.040* (-1.89)	-0.041** (-1.94)
$Size_{it}$	0.026*** (3.11)	0.026*** (3.10)	0.013** (2.09)	0.013** (2.11)	0.017** (2.37)	0.015** (2.18)	0.001 (0.10)	0.001 (0.13)

续表

变量	正向盈余回归结果				负向盈余回归结果			
	被重述年		重述公告年		被重述年		重述公告年	
	模型(4-9)	模型(4-10)	模型(4-9)	模型(4-10)	模型(4-9)	模型(4-10)	模型(4-9)	模型(4-10)
	Coeff (z)	Coeff (z)	Coeff (z)	Coeff (z)	Coeff (z)	Coeff (z)	Coeff (z)	Coeff (z)
Rec_{it}	-0.070 (-0.84)	-0.065 (-0.77)	-0.090 (-1.37)	-0.093 (-1.42)	-0.063 (-0.86)	-0.068 (-0.93)	-0.107* (-1.88)	-0.106* (-1.86)
SA_{it}	— —	0.025 (1.10)	— —	0.002 (0.10)	— —	0.020 (0.99)	— —	-0.015 (-0.90)
SW_{it}	— —	0.034* (1.72)	— —	0.009 (0.50)	— —	0.029 (1.49)	— —	0.018 (1.19)
Fee_{it}	— —	0.030** (2.11)	— —	0.029 (1.47)	— —	0.035* (1.95)	— —	0.014 (0.86)
$Intercept$	0.155 (0.88)	0.133 (0.75)	-0.059 (-0.48)	-0.063 (-0.50)	0.234 (1.53)	0.239 (1.56)	0.126 (1.09)	0.122 (1.05)
Industry	Yes							
Year	Yes							
观测值	1158	1158	725	725	1889	1889	1267	1267
R^2	0.487	0.489	0.636	0.638	0.412	0.415	0.629	0.631

注：*、**、*** 分别表示10%、5%和1%的水平下显著。

与"清洁"意见的相关系数为 −0.003，Big4 与"清洁"意见的相关系数为 −0.061，均不显著。说明，事务所规模与审计质量之间有微弱正相关关系。可见，基于声誉理论和诉讼成本认为事务所规模与审计质量显著正相关的结论不完全符合我国高度竞争的审计市场。这与假设 4−2 相符。

表4−11　　　　　重述公司被重述年事务所规模与审计质量的相关性

变量	模型（4−11） Coeff（z）	模型（4−12） Coeff（z）
Big_{it}	−0.003	−0.061
	（−0.184）	（−1.457）
$OP_{i(t-1)}$	0.477***	0.477***
	（26.328）	（26.326）
Roe_{it}	−0.002	−0.002
	（−0.788）	（−0.778）
$Loss_{it}$	−0.269***	−0.268***
	（−16.660）	（−16.607）
Lev_{it}	−0.004	−0.001
	（−0.377）	（−0.332）
$Size_{it}$	0.019***	0.021***
	（3.601）	（3.895）
Rec_{it}	−0.116**	−0.116**
	（−2.187）	（−2.197）
ΔFee_{it}	0.017*	0.017*
	（1.691）	（1.691）
Intercept	0.218*	0.209*
	（1.884）	（1.887）
Industry	Yes	
Year	Yes	
观测值	3047	
R^2	0.417	0.417

注：*、**、***分别表示在10%、5%和1%的显著水平下显著。

（四）

表4-12中模型（4-13）和模型（4-14）分别列示了公司议价能力与审计费用和"清洁"审计意见之间的关系，从表中看到公司议价能力与审计费用的相关系数为-0.102，并在10%水平下显著。公司议价能力与"清洁"审计意见相关系数为0.007，但不显著，没有发现公司议价能力与"清洁"审计意见显著正相关，说明公司议价能力与审计质量微弱负相关。可见，公司具有高的议价能力确实可以降低审计费用，但并不能显著降低审计质量。正如Krau（2013）的研究所示，审计费用降低只是为了竞争，并不影响审计质量。表中模型（4-15）列示的是重述公司在被重述年审计费用增加与"清洁"审计意见之间的相关关系，审计费用增加的相关系数为0.016，并在10%水平下显著，说明，审计费用增加，审计意见清洁率上升，审计质量下降。我国属于竞争型审计市场，审计事务所原本属于弱势，公司如果增加审计费用管理层必然对事务所有所求，最直接的需求是改善审计意见。回归结果也证实了公司管理层增加审计费用后成功实现了审计意见购买目的。可见，回归结果否定了本书的假设4-3（a）支持了假设4-3（b），由于审计意见购买行为的存在，伴随着审计费用增加以及审计质量的下降。

表4-12　　　重述公司被重述年审计费用与审计质量的相关性

变量	模型（4-13）	模型（4-14）	模型（4-15）
	Coeff（t）	Coeff（z）	Coeff（z）
FCI_{it}	-0.102*	0.007	—
	（-1.962）	（0.152）	—
ΔFee_{it}	—	0.016*	0.016*
	—	（1.769）	（1.764）
$OP_{i(t-1)}$	-0.162***	0.480***	0.480***
	（-6.182）	（26.613）	（26.620）

变量	模型（4-13）	模型（4-14）	模型（4-15）
	Coeff（t）	Coeff（z）	Coeff（z）
Roe_{it}	0.008 **	-0.002	-0.002
	(2.249)	(-0.795)	(-0.796)
$Loss_{it}$	0.074 ***	-0.270 ***	-0.270 ***
	(3.173)	(-16.804)	(-16.811)
Lev_{it}	0.003 ***	0.002	0.001
	(6.420)	(-0.380)	(-0.383)
$Size_{it}$	0.344 ***	0.019 ***	0.019 ***
	(44.574)	(3.662)	(3.662)
Rec_{it}	-0.101	-0.117 **	-0.116 **
	(-1.329)	(-2.212)	(-2.208)
Intercept	0.586 ***	0.091	0.091
	(3.567)	(0.831)	(0.820)
Industry	Yes		
Year	Yes		
观测值	3047	3047	3047
R^2	0.457	0.422	0.422

注：*、**、***分别表示在10%、5%和1%的显著水平下显著。

四 内生性控制

为了解决变量间的内生性问题，本书采用倾向得分匹配法（PSM）分析财务重述公司变更审计师、变更事务所、增加审计费用对"清洁"审计意见的影响。倾向得分匹配法主要通过计算倾向得分值匹配分析来评估某一行为的效果。具体为：首先计算倾向得分，通过计算出的倾向得分值找到与处理组尽可能相似的控制组进行配对分析，就可以去除控制变量等因素对被分析变量的混杂偏移，降低样本选择偏误。因此选择各公司特征作为匹配变量后，PSM方法能够较好地避免一般回归分析所带来的估计偏误，可以有效地解决内生性问题。

（一）以财务重述公司是否发生审计师变更为标准，本书将总样本分为两大类：一是处理组，变更审计师的重述公司，记为 $T_i = 1$；二是控制组，没有变更审计师的重述公司，记为 $T_i = 0$。用公司的多个特征来估计倾向得分，在给定样本公司特征 X_i 下，公司 i 变更审计师的概率为：

$$p\ (X_i)\ = \mathrm{Pr}\ (T_i = 1\,|\,X_i)\ = E\ (T_i\,|\,X_i)$$

X_i 中包含的匹配变量为：盈余管理幅度（DA）、变更事务所（SA）、审计费用变化率（ΔFee）、上一年度审计意见 $[OP_{(t-1)}]$、审计事务所规模（$Big10$）、公司规模（$Size$）、净资产收益率（Roe）、公司是否亏损（$Loss$）、资产负债率（Lev）应收账款占总资产比（Rec）行业（$Industry$）、年度（$Year$）。确定匹配变量后本书用 Logit 模型估计倾向得分，将模型中的样本接受处理的预测概率作为倾向得分即 PS 值。然后本书以估计出的 PS 值为基础，采用 1∶1 最近邻匹配法，向前或向后寻找与处理组样本 PS 值最为接近的控制组样本作为匹配对象。主要匹配变量的平衡性检验结果如表 4 - 13 所示，可以看出各个匹配变量在匹配之后的标准偏差值都显著小于 20（一般认为，匹配后变量的标准偏差值绝对值显著小于 20 时匹配效果较好）。

表 4 - 13 　　　　　　　　匹配前后的样本特征对比

变量	样本	平均值		标准偏差%
		处理组	控制组	
DA	匹配前	0.412	0.407	1.4
	匹配后	0.412	0.469	- 0.4
$OP_{(t-1)}$	匹配前	0.879	0.882	- 0.9
	匹配后	0.878	0.882	- 1.2
$Big10$	匹配前	0.088	0.114	- 8.7
	匹配后	0.089	0.082	2.2

变量	样本	平均值		标准偏差%
		处理组	控制组	
ΔFee	匹配前	0.108	0.081	7.9
	匹配后	0.101	0.079	6.2
	匹配后	0.037	0.041	−0.8
SA	匹配前	0.34	0.31	−9.7
	匹配后	0.34	0.326	−1.5
Loss	匹配前	0.153	0.169	−4.4
	匹配后	0.153	0.153	0
Lev	匹配前	0.563	0.557	1.7
	匹配后	0.562	0.568	−1.7
Size	匹配前	21.343	21.323	1.8
	匹配后	21.33	21.347	−1.5
Rec	匹配前	0.127	0.125	2
	匹配后	0.127	0.123	4.2
Roe	匹配前	0.037	0.055	−3.8
	匹配后	0.037	0.041	−0.8

表4-14的实证结果显示，处理组匹配后的审计意见均值为0.8829，控制组的审计意见均值为0.8402，由此表明，重述公司被重述年变更审计师的审计意见清洁率为88.29%，未变更审计师的审计意见清洁率为84.02%。ATT平均处理效应等于0.0423，在10%的水平下显著。基于PSM方法的检验表明，在控制了公司其他特征的影响后，财务报表重述公司变更审计师的审计意见清洁率比与之相匹配的未变更审计师的公司高出4.23%，说明，重述公司在被重述年变更审计师确实可以显著改善审计意见清洁率，与本书的研究结论一致。

表 4 – 14　　　　　　　　　　总样本一对一匹配法的 ATT 效应

变量	匹配方法	处理组	控制组	ATT	标准差	T 值
OP	1∶1 最邻近匹配	0.8829	0.8402	0.0423	0.0250	1.69 *

注：* 、** 、*** 分别表示在 10%、5% 和 1% 的显著水平下显著。

（二）本书采用同样的方法以财务重述公司是否发生事务所变更为标准，将总样本分为两大类：一是处理组，变更事务所的重述公司，记为 $T_i = 1$；二是控制组，没有变更事务所的重述公司，记为 $T_i = 0$。用公司的特征来估计倾向得分，特征变量包括：盈余管理幅度（DA）、变更审计师（SW）、审计费用变化率（ΔFee）、上一年度审计意见（$OP_{(t-1)}$）、审计事务所规模（Big10）、公司规模（Size）、净资产收益率（Roe）、公司是否亏损（Loss）、资产负债率（Lev）、应收账款占总资产比重（Rec）行业（Industry）、年度（Year）。同理本书采用 1∶1 最近邻匹配法，主要匹配变量的平衡性检验结果见表 4 – 15，从中可以看出，各个匹配变量在匹配之后的标准偏差值都显著小于 20。

表 4 – 15　　　　　　　　　　匹配前后的样本特征对比

变量	样本	平均值		标准偏差%
		处理组	控制组	
DA	匹配前	0.396	0.407	− 2.6
	匹配后	0.399	0.397	0.4
$OP_{(t-1)}$	匹配前	0.83	0.882	− 14.7
	匹配后	0.843	0.856	− 3.8
Big10	匹配前	0.219	0.114	18.4
	匹配后	0.209	0.201	2
ΔFee	匹配前	0.098	0.081	5
	匹配后	0.094	0.094	0
	匹配后	0.219	0.169	12.8

续表

变量	样本	平均值		标准偏差%
		处理组	控制组	
SW	匹配前	0.397	0.38	3.2
	匹配后	0.396	0.41	-1
Loss	匹配前	0.212	0.199	3.2
	匹配后	0.613	0.557	14.1
Lev	匹配前	0.602	0.602	0.1
	匹配后	21.404	21.323	6.6
Size	匹配前	21.417	21.43	-1.1
	匹配后	0.116	0.125	-7.7
Rec	匹配前	0.117	0.116	0.7
	匹配后	0.058	0.055	0.7
Roe	匹配前	0.059	0.069	-2
	匹配后	0.396	0.407	-2.6

表 4 - 16 的实证结果显示，处理组匹配后的审计意见均值为 0.8430，控制组的审计意见均值为 0.8232，由此表明，重述公司被重述年变更事务所的审计意见清洁率为 84.30%，未变更事务所的审计意见清洁率为 82.32%。ATT 平均处理效应等于 0.0198，因此其不显著。基于 PSM 方法的检验表明，在控制了公司其他特征的影响后，财务报表重述公司变更事务所的审计意见清洁率比与之相匹配的未变更事务所的公司高出 1.98%，但是结果并不显著。由此说明，重述公司在被重述年变更事务所并不能显著改善审计意见清洁率，与本书的研究结论一致。

表 4 - 16　　　　　　　　　　总样本一对一匹配法的 ATT 效应

变量	匹配方法	处理组	控制组	ATT	标准差	T 值
OP	1:1 最邻近匹配	0.8430	0.8232	0.0198	0.0285	0.7

注：* 、** 、*** 分别表示在 10% 、5% 和 1% 的显著水平下显著。

（三）本书还以财务重述公司审计费用比上一年度是否增加为标准，将总样本分为两大类：一是处理组，审计费用增加的重述公司，记为 $T_i = 1$；二是控制组，审计费用没有增加的重述公司，记为 $T_i = 0$。用公司的特征来估计倾向得分，特征变量包括：盈余管理幅度（DA）、变更审计师（SW）、变更事务所（SA）、上一年度审计意见（$OP_{(t-1)}$）、审计事务所规模（$Big10$）、公司规模（$Size$）、净资产收益率（Roe）、公司是否亏损（$Loss$）、资产负债率（Lev）、应收账款占总资产比重（Rec）、行业（$Industry$）、年度（$Year$）。同理本书采用 1∶1 最近邻匹配法，主要匹配变量的平衡性检验结果见表 4 - 17。从中可以看出各个匹配变量在匹配之后的标准偏差值都显著小于 20。

表 4 - 17 匹配前后的样本特征对比

变量	样本	平均值		标准偏差%
		处理组	控制组	
DA	匹配前	0.401	0.408	- 1.6
	匹配后	0.402	0.404	- 0.5
$OP_{(t-1)}$	匹配前	0.889	0.847	12.6
	匹配后	0.889	0.89	- 0.3
$Big10$	匹配前	0.166	0.123	12.1
	匹配后	0.165	0.15	4.1
SA	匹配前	0.31	0.359	- 10.5
	匹配后	0.31	0.306	0.9
SW	匹配前	0.398	0.382	3.3
	匹配后	0.397	0.402	- 0.9
$Loss$	匹配前	0.126	0.213	- 13.3
	匹配后	0.127	0.129	- 0.7
Lev	匹配前	0.558	0.591	- 9.3
	匹配后	0.557	0.556	0.3

变量	样本	平均值		标准偏差%
		处理组	控制组	
Size	匹配前	21.524	21.253	12.4
	匹配后	21.516	21.479	3.1
Rec	匹配前	0.124	0.122	1.9
	匹配后	0.124	0.124	0.3
Roe	匹配前	0.075	0.032	9.7
	匹配后	0.075	0.074	0.3

表4-18 的实证结果显示，处理组匹配后的审计意见均值为 0.8814，控制组的审计意见均值为 0.8417，由此表明，被重述年审计费用增加的重述公司审计意见清洁率为88.14%，审计费用没有增加的重述公司审计意见清洁率为84.17%。ATT 平均处理效应等于 0.0398，在5%的水平下显著。基于 PSM 方法的检验表明，在控制了公司其他特征的影响后，财务报表重述公司在被重述年审计费用增加后审计意见清洁率比与之相匹配的审计费用没有增加的公司高出 3.98%，其说明重述公司在被重述年提高审计费用确实可以显著改善审计意见清洁率，审计费用增加，审计质量下降与本书的研究结论相符。

表4-18　　　　　　　　总样本一对一匹配法的 ATT 效应

变量	匹配方法	处理组	控制组	ATT	标准差	T 值
OP	1:1 最邻近匹配	0.8814	0.8417	0.0398	0.0162	2.45 **

注：*、**、*** 分别表示在10%、5%和1%的显著水平下显著。

（四）本书还以财务重述公司被重述年选聘的审计事务所是否为 *Big*10 为标准，将总样本分为两大类：一是处理组，审计事务所属于 *Big*10，记为 $T_i = 1$；二是控制组，审计事务所不属于 *Big*10，

记为 $T_i = 0$。用公司的特征来估计倾向得分，特征变量包括：盈余管理幅度（*DA*）、变更审计师（*SW*）、变更事务所（*SA*）、上一年度审计意见（$OP_{(t-1)}$）、审计费用变化率（ΔFee）、公司规模（*Size*）、净资产收益率（*Roe*）、公司是否亏损（*Loss*）、资产负债率（*Lev*）、应收账款占总资产比重（*Rec*）、行业（*Industry*）、年度（*Year*）。同理本书采用 1 : 1 最近邻匹配法，主要匹配变量的平衡性检验结果见表 4 – 19。从中可以看出各个匹配变量在匹配之后的标准偏差值都显著小于 20。

表 4 – 19　　　　　　　　　　匹配前后的样本特征对比

| 变量 | 样本 | 平均值 | | 标准偏差% |
		处理组	控制组	
DA	匹配前	0.397	0.406	− 2.2
	匹配后	0.404	0.401	0.7
$OP_{(t-1)}$	匹配前	0.887	0.859	8.3
	匹配后	0.885	0.881	1.2
SA	匹配前	0.533	0.309	16.6
	匹配后	0.528	0.533	− 1.1
SW	匹配前	0.245	0.411	− 16.1
	匹配后	0.245	0.250	− 1
ΔFee	匹配前	0.132	0.091	11.6
	匹配后	0.134	0.143	− 2.4
Roe	匹配前	0.039	0.051	− 2.8
	匹配后	0.037	0.032	1.2
Loss	匹配前	0.182	0.179	0.8
	匹配后	0.186	0.180	1.4
Lev	匹配前	0.571	0.580	− 2.5
	匹配后	0.566	0.575	− 2.9
Size	匹配前	22.107	21.236	13.9
	匹配后	22.011	22.003	0.6

续表

变量	样本	平均值		标准偏差%
		处理组	控制组	
Rec	匹配前	0.091	0.128	− 14.6
	匹配后	0.093	0.091	1.8

　　表 4 - 20 的实证结果显示，处理组匹配后的审计意见均值为 0.8819，控制组的审计意见均值为 0.8782，由此表明，财务重述公司被重述年聘请 *Big*10 出具的审计意见清洁率为 88.19%，非 *Big*10 出具的审计意见清洁率为 87.82%。ATT 平均处理效应等于 0.0037，因此其不显著。基于 PSM 方法的检验表明，在控制了公司其他特征的影响后，财务报表重述公司在被重述年聘请 *Big*10 获得的审计意见清洁率比与之相匹配的聘请非 *Big*10 的公司高出 0.37%，财务重述公司在被重述年获得"清洁"审计意见表明当年的审计为低质量，而 *Big*10 出具的审计意见清洁率略高于非 *Big*10，但不显著。说明在我国审计市场大所并没有显著提高审计质量，这与本书的研究结论相符。本书还换 *Big*4 作了 PSM 检验，结论与 *Big*10 一致。

表 4 - 20　　　　　　　　总样本一对一匹配法的 ATT 效应

变量	匹配方法	处理组	控制组	ATT	标准差	T 值
OP	1:1 最邻近匹配	0.8819	0.8782	0.0037	0.0308	0.12

注：*、**、*** 分别表示在 10%、5% 和 1% 的显著水平下显著。

五　稳健性检验

　　虽然夏立军（2003）认为修正 Jone 模型估计的可操控应计盈余比较适合我国国情，但为了使本章研究结论更加稳健，本书还使用 Kothari et al.（2005）提出的 KLW 模型估计可操控应计盈余，将负向可操控应计盈余取绝对值，对本章的主要结论进行重新回归，其结果见表4-21。本书发现，其回归结果与前文一致，进一步说明了本章研究结论的稳健性。

表4-21　　重述公司盈余管理幅度与"清洁"审计意见的回归

变量	被重述年		重述公告年	
	模型（4-9）	模型（4-10）	模型（4-9）	模型（4-10）
	Coeff（z）	Coeff（z）	Coeff（z）	Coeff（z）
DA_{it}	0.032 **	0.030 **	-0.015	-0.014
	(2.451)	(2.310)	(-1.320)	(-1.192)
$OP_{i(t-1)}$	0.430 ***	0.431 ***	0.840 ***	0.839 ***
	(21.791)	(21.821)	(40.313)	(40.220)
$Big10_{it}$	-0.002	-0.002	0.007	0.010
	(-0.102)	(-0.101)	(0.590)	(0.783)
Roe_{it}	0.019	0.019	0.027 ***	0.028 ***
	(1.410)	(1.440)	(2.873)	(2.941)
$Loss_{it}$	-0.226 ***	-0.225 ***	-0.172 ***	-0.173 ***
	(-13.330)	(-13.223)	(-12.350)	(-12.361)
Lev_{it}	-0.170	-0.170	-0.027	-0.028
	(-9.061)	(-9.092)	(-1.650)	(-1.660)
$Size_{it}$	0.019 ***	0.018 ***	0.003	0.003
	(3.513)	(3.390)	(0.722)	(0.781)
Rec_{it}	-0.050	-0.052	-0.121 ***	-0.120 ***
	(-0.890)	(-0.932)	(-2.741)	(-2.720)
SA_{it}	—	0.023	—	-0.006
	—	(1.461)	—	(-0.484)
SW_{it}	—	0.031 **	—	0.007
	—	(2.101)	—	(0.640)
ΔFee_{it}	—	0.016 *	—	-0.019
	—	(1.930)	—	(-1.501)
$Intercept$	0.210	0.201	0.094	0.089
	(1.620)	(1.642)	(1.062)	(1.00)

续表

变量	被重述年		重述公告年	
	模型（4-9）	模型（4-10）	模型（4-9）	模型（4-10）
	Coeff（z）	Coeff（z）	Coeff（z）	Coeff（z）
Industry	Yes			
Year	Yes			
观测值	3047		1992	
R^2	0.437	0.438	0.636	0.636

注：*、**、*** 分别表示在 10%、5% 和 1% 的显著水平下显著。

第四节 本章小结

本章以我国 2001—2014 年主板上市的重述公司为样本，以重述公司被重述年和重述公告年为研究对象发现：一、我国重述公司在被重述年财务报表的瑕疵已然被审计师发现，但由于当年管理层的盈余管理幅度在一定范围内存在审计意见购买交易而没有被公告。本书还发现，重述公司在被重述年主要通过变更审计师和提高现任审计师审计费用来实现审计意见购买目的。二、基于声誉理论和诉讼成本理论，现有研究认为"事务所规模与审计质量正相关"，而我国审计市场属于高度竞争型，事务所规模与审计质量之间没有显著正相关。三、我国审计市场竞争激烈，审计费用是事务所规模和公司议价能力博弈的结果。面对议价能力强的重要客户，事务所为了挽留客户，不得不降低审计费用，但并不会为此而降低审计质量。而由于审计意见购买交易的存在，我国审计市场也显示出"审计费用增加，审计质量降低"的现象。

第 5 章

公司财务重述后的审计质量

第一节 理论分析与研究假设

财务重述是公司对曾经发布的财务报表中存在的错误、虚假、误导性信息进行事后修正或补充的行为。公司财务报表重述表明公司曾经发布的财务信息不可靠和低质量，甚至有可能存在管理层的故意操纵和欺诈行为。因此，公司财务报表重述会严重打击投资者对公司管理层的信心，给公司声誉带来负面影响，降低公司市场价值。如 GAO（2002）对 1997—2002 年 689 家发生财务重述的公司进行研究后发现，公司在发布财务重述公告后的 3 个交易日内股价下跌约 10%，市值损失达千亿美元。审计师作为独立第三方通过发表的审计意见对被审计单位的财务报表质量提供保障。审计意见类型在一定程度上可以反映公司财务报表的会计信息质量。发生财务报表重述的公司为了挽回财务重述给公司带来的不良市场反应，往往会通过采取不正当手段来获取"清洁"审计意见。所以本书提出本章第一个假设：

假设 5-1：财务重述后的公司管理层具有审计意见购买动机。

如美国会计总署（GAO）2006 年发布的数据显示，1997 年美国财务重述的公司仅有 83 家，占全部上市公司总数的 0.9%，2005

年就达到439家，比重高达6.8%。Scholz（2008）也发现，1997—2006年，美国财务重述公司总数增加了17.5倍，公司数由1997年的90家上升到2006年的1577家。财务重述趋势在我国也不容乐观，王毅辉、魏志华（2008）指出，1999—2006年，我国A股上市公司中发布重述公告的公司数达到了1368家次，占A股上市公司总数的13.47%。上海证券交易所在2008年发布的《上市公司会计信息披露质量研究——基于年报重述视角》中指出："上市公司年报重述现象日趋严重，近年来，重述公司占A股上市公司的比例都超过了15%。"本书第1章表1-1和图1-1均列示了我国2001—2014年A股主板上市公司的重述现状。本书发现2001—2014年我国A股主板上市公司的重述趋势主要经历了三个阶段：2001—2006年的重述高发期；2007—2010年重述公司数逐步趋于下降趋势；2011—2013年重述公司数则维持在较低水平的稳定阶段。而在2001—2014年期间我国重述制度和审计制度也经历了不断的规范过程。针对2006年及之前的重述高发现象，我国于2006年发布了《企业会计准则第28号-会计政策、会计估计变更和差错更正》，并且重新修订了《中华人民共和国审计法》，2010年7月8日审计长会议审议通过了《中华人民共和国国家审计准则》并于2011年1月1日起正式施行。显然，不断规范的重述制度和审计监管政策对我国A股上市公司的重述现象起到了显著的遏制作用。不言而喻，公司管理层的审计意见购买动机与审计意见购买勾结交易也必然会因监管政策的加强而减弱。所以提出本章第二个假设：

假设5-2：公司发生财务重述后的审计意见购买行为的趋势逐步减弱。

会计师事务所和审计师，作为证券市场中独立的第三方越来越受到关注。各市场参与者尤其是投资者、债权人和监管部门都期望审计师和会计师事务所能在证券市场中发挥重要作用，改善上市公司内部控制、提高上市公司财务信息质量、保护投资者利益。然而，上市公司与审计师和事务所之间的矛盾日益严重，其最主要的表现是审计师和事务所变更频繁发生。以往研究表明，审计意见购买的主要方式有变更审计师、变更事务所和提高审计费用。公司发布重述公告后的行为及表现必然会受到投资者和监管部门的关注。如果重述公司管理层准备与审计师或事务所合谋而改善审计意见，选择变更审计师或变更事务所会因投资者对管理层的动机产生怀疑而引起市场波动，同时也容易引起监管部门的注意。对于审计师和事务所而言，由第四章研究可知，审计师和事务所对第一次合作的客户往往持有更谨慎态度，尤其是刚刚因发布重述公告而备受大家关注的公司。因此随着我国审计监管制度的健全和规范，重述公司管理层更倾向于选择提高现任审计师的审计费用来进行审计意见购买交易而不会选择变更事务所，对于审计师和事务所而言，这种方法也是风险最小的。所以提出本章第三个假设：

假设5-3：公司财务重述后实行审计意见购买的方式越来越隐蔽。

基于委托代理理论，本书知道委托人和代理人之间存在严重代理成本和信息不对称。投资者及债权人、监管部门和其他市场参与者并不确定公司管理层是否确实存在审计意见购买行为，他们只能通过公司公开披露的信息自己作出判断。财务报表重述后公司立即变更事务所或者非正常变更审计师会给投资者和债权人等市场参与者传递一种不可信信号，使投资者和债权人等市场参与者对公司管理层的动机产生怀疑。基于信号传递理论，公司管理层的审计意见购买嫌疑会给公司股票回报带来较大波动。因此公司管理层必然会选择一种较为隐蔽的手段，相对于变更审计师和变更事务所而言，提高现任审计师的审计费用相对隐蔽，不容易被发现。所以提出本章第四个假设：

假设5-4：财务重述后公司管理层更多通过提高现任审计师审计费用达到审计意见购买目的，并更能获得较高超额市场回报且引起的市场波动较小。

第二节 研究设计与样本选择

一 变量定义与说明

表5-1   变量说明

变量	说明	具体定义
OP_{it}	审计意见	如果上市公司被出具"清洁"审计意见则为1，否则为0
$OP_{i(t-1)}$	上一年度审计意见	如果上市公司上一年度被出具"清洁"审计意见则为1，否则为0
SW_{it}	审计师变更	如果上市公司没有变更事务所而变更了审计师则为1，否则为0
SA_{it}	事务所变更	如果上市公司发生了事务所变更则为1，否则为0
AF_{it}	大幅提高现任审计师审计费用	若现任审计师的审计费用提高超过10%，则该变量为1，否则为0
Lev_{it}	资产负债率	年末总负债除以总资产
CAR_{it}	个股累积周超额收益率	Σ（股票周收益率与沪深综合周市场收益率间之差）
$Loss_{it}$	当年是否亏损	如果当年净利润小于0则为1，否则为0
Roe_{it}	净资产收益率	当年净利润除以年末总资产
$Size_{it}$	公司规模	年末总资产的自然对数
$Industry$	行业	—
$Year$	年度	—

二　基本模型

（一）公司财务重述公告后的审计意见与变更审计师、变更事务所和大幅提高现任审计师审计费用之间的回归方程：

$$op_{it} = \alpha_0 + \alpha_1 sw_{it} + \alpha_2 sa_{it} + \alpha_3 af_{it} + \alpha_4 op_{i(t-1)} + \alpha_5 lev_{it} + \alpha_6 roe_{it}$$
$$+ \alpha_7 loss_{it} + \alpha_8 size_{it} + Industry + Year + \varepsilon_{it} \tag{5-1}$$

依据假设公司财务重述后具有购买审计意见动机，随着我国审计制度的规范和监管制度的加强，审计意见购买动机具有减弱趋势。故本书分年度用 Logistic 回归本模型对公司财务重述后一年的审计意见与变更审计师、变更事务所和大幅提高现任审计师审计费用之间的相关性进行检验。控制变量的选择参考了吴联生和谭力（2005）的研究，控制了上一年度审计意见（OP_{t-1}），本年度的资产负债率（Lev）、净资产收益率（Roe）、公司是否亏损（$Loss$）、资产规模（$Size$）、行业（$Industry$）及年度（$Year$）。

（二）公司财务重述公告后第二年的累积超额回报率与公司财务重述公告后第一年度变更审计师、变更事务所和提高现任审计师审计费用之间的回归方程：

$$car_{it} = \beta_0 + \beta_1 sa_{i(t-1)} + \beta_2 sw_{i(t-1)} + \beta_3 af_{i(t-1)} + \beta_4 lev_{i(t-1)} +$$
$$\beta_5 roe_{i(t-1)} + \beta_6 loss_{i(t-1)} + \beta_7 size_{i(t-1)} + Industry + Year + \eta_{it}$$
$$\tag{5-2}$$

公司发布财务重述公告后，信心受损的投资者会对公司变更审计师、变更事务所及提高审计费用等行为具有敏感性。本书用重述公告后一年获得"清洁"审计意见的公司为样本检验重述公告后第二年投资者对公司上一年度变更审计师、变更事务所及大幅提高审计费用的敏感程度是否不同。模型用 OLS 回归控制了公司上一年度的资产负债率（Lev）、净资产收益率（Roe）、公司是否亏损（$Loss$）、资产规模（$Size$）、行业（$Industry$）及年度（$Year$）等。

三 数据来源及样本选取

由于要考虑公司重述公告后两年的市场回报，本书选取 CS-MAR 数据库中 2001—2013 年被重述的 A 股主板上市公司为研究对象，研究过程中剔除银行、保险等金融公司和变量缺失的公司，最终得到 2221 个样本。为了消除异常值的影响，对除了哑变量之外的其他所有连续变量（包括盈余管理在内）都进行了上下 1% 的 Winsorize 处理。

第三节　实证结果与分析

一 描述性统计

表 5 - 2　　　　　　　　　重述公告后一年样本描述性统计

变量	观测值	均值	标准差	最小值	25%	中位数	75%	最大值
OP_{it}	2221	0.876	0.280	0	1	1	1	1
SW_{it}	2221	0.393	0.452	0	0	1	1	1
SA_{it}	2221	0.324	0.458	0	0	0	1	1
AF_{it}	2221	0.283	0.450	0	0	0	1	1
$OP_{i(t-1)}$	2221	0.858	0.297	0	1	1	1	1
Lev_{it}	2221	0.549	0.222	0.009	0.402	0.543	0.682	1.411
Roe_{it}	2221	0.023	0.332	-2.889	0.015	0.055	0.110	1.666
$Loss_{it}$	2221	0.139	0.346	0	0	0	0	1
$Size_{it}$	2221	21.549	1.142	17.318	20.801	21.477	22.187	24.942
CAR_{it}	2221	-0.010	0.201	-0.980	-0.127	-0.013	0.094	0.985

表 5 - 2 为财务重述公司重述公告后一年的样本描述性统计。从具体描述性统计可以看出，公司重述公告年和重述公告后一年"清洁"审计意见（OP）的均值分别为 0.858 和 0.876，说明财务

重述公司在重述公告年有 85.8% 的公司获得"清洁"审计意见，重述公告后一年有 87.6% 的公司获得"清洁"审计意见。重述公告后一年变更审计师（SW）、变更事务所（SA）的均值分别为 0.393 和 0.324，说明重述公司重述公告后一年 39.3% 的公司变更审计师，32.4% 的公司变更审计事务所，审计费用大幅提高（AF）的均值 0.283，说明重述公司重述公告后一年有 28.3% 的公司审计费用增加超过 10%。公司亏损（$Loss$）的均值为 0.139，表明财务重述公司在重述公告后一年有 13.9% 的公司处于亏损状态。公司其他特征变量净资产收益率（Roe）、资产负债率（Lev）、公司规模（$Size$）、周超额回报（CAR）均基本呈正态分布。

表 5 - 3　　　　　　　　事务所及审计师变更的样本统计分析

重述公告年份	事务所/审计师变更	重述公告年		重述公告后一年			
	样本数（家）	1167		1167		—	—
2001—2006	—	公司数	变更率	公司数	变更率	Δ变更率	T
	变更审计师	497	42.61%	512	43.87%	1.26%	-0.614
	变更事务所	272	23.34%	287	24.59%	1.26%	-0.709
	现任审计师	398	34.05%	368	31.53%	-2.52%	6.198 ***
	样本数（家）	659		659		—	—
2007—2010	—	公司数	变更率	公司数	变更率	Δ变更率	T
	变更审计师	233	35.38%	242	36.72%	1.34%	0.504
	变更事务所	213	32.31%	255	38.69%	6.39%	2.418 **
	现任审计师	213	32.31%	162	24.58%	-7.72%	-3.107 ***
	样本数（家）	395		395		—	—
2011—2013	—	公司数	变更率	公司数	变更率	Δ变更率	T
	变更审计师	99	25.06%	118	29.87%	4.81%	-1.506
	变更事务所	240	60.72%	177	44.81%	-15.91%	4.508 ***
	现任审计师	56	14.21%	100	25.32%	11.10%	-3.928 ***

注：*、**、*** 分别表示在 10%、5% 和 1% 的显著水平下显著。

表 5-4　　　　　　　　　　　审计意见清洁率的样本统计分析

重述公告年份	样本项	重述公告年 审计意见 清洁率	重述公告 后一年 审计意见 清洁率	Δ 审计意见 清洁率	T
2001—2006	全样本	84.91%	86.36%	1.45%	-1.014
	变更审计师	85.60%	89.84%	4.25%	-2.055 **
	变更事务所	81.25%	81.38%	0.13%	-0.039
	现任审计师审计费用增加	86.25%	87.50%	1.25%	-1.194
	现任审计师审计费用大幅增加	83.61%	90.63%	7.02%	-0.907
2007—2010	全样本	85.10%	87.88%	2.78%	1.472
	变更审计师	91.30%	88.75%	-2.55%	1.170
	变更事务所	78.57%	85.88%	7.31%	2.074 **
	现任审计师审计费用增加	88.64%	95.56%	6.92%	1.370
	现任审计师审计费用大幅增加	88.57%	96.97%	8.40%	1.684 *
2011—2013	全样本	89.74%	90.68%	0.94%	0.442
	变更审计师	91.75%	92.37%	0.62%	-0.167
	变更事务所	88.19%	88.83%	0.64%	0.202
	现任审计师审计费用增加	92.86%	95.00%	2.14%	-0.759
	现任审计师审计费用大幅增加	86.67%	90.91%	4.24%	-1.696 *

注：*、**、***分别表示在10%、5%和1%的显著水平下显著。

（一）表5-3列示了不同时间段，公司发布重述公告后变更审计师、变更事务所和留用现任审计师的数据，表5-4列示了不同时间段，公司发布重述公告后变更审计师、变更事务所和提高现任审计师审计费用对审计意见的影响。

（二）从表 5 - 3 中可以看出，2001—2006 年，《中华人民共和国审计法》修订前，公司发布重述公告造成公司下一年度审计师和事务所频繁变更，留用现任审计师比例显著下降。从表 5 - 4 中作者发现重述公司在重述公告后变更审计师显著提高了审计意见清洁率，审计意见清洁率由重述公告年的 85.60% 增加到公告后一年的 89.84%，并在 5% 水平下显著。由此说明，在 2001—2006 年中，重述公司在重述公告后一年度存在的审计意见购买交易主要通过变更审计师来实现。

（三）2007—2010 年，《中华人民共和国审计法》正式实行后，重述公司发布重述公告后倾向于频繁变更审计事务所。从表 5 - 3 本书可以看到，2007—2010 年重述公司重述公告后一年留用现任审计师比例显著下降，下降幅度和显著程度均超过 2001—2006 年，而事务所变更率显著增加，增加率达 6.39%，并在 5% 水平下显著。审计师的变更率比重述公告年高出 3.49%，但差异不显著。从表 5 - 4 中作者发现，2007—2010 年，重述公司重述公告后一年变更审计事务所显著改善了审计意见。审计意见清洁率由重述公告年的 78.57% 增加到 85.88%，并在 5% 水平下显著。在留用现任审计师的重述公司中，大幅度提高审计费用也可以显著改善审计意见，审计费用的提高幅度超过 10% 后，审计意见清洁率比公告年增加了 8.40%，并在 10% 的水平下显著。没有发现通过变更审计师改善审计意见的证据。可见，《中华人民共和国审计法》正式实行后，重述公司在重述公告后一年度仍存在审计意见购买交易，主要是通过频繁变更审计事务所和大幅度提高现任审计师的审计费用来实现的。

（四）2011 年 1 月 1 日，《中华人民共和国国家审计准则》正式实施。从表 5 - 3 中可以看到，《中华人民共和国国家审计准则》正式实施后，重述公司发布重述公告后不再频繁变更审计师和事务所，而是倾向于选择留用现任审计师。尤其是重述公告后一年审计事务所的变更率下降程度高达 15.91%，并在 1% 水平下显著，留用现任审计师的比率也一改往常态势显著大幅增加，增加比率高达 11.10%，并在 1% 水平下显著。从表 5-4 中可以发现，2011—2013 年，重述公司在重述公告后一年度大幅提高现任审计师审计费用后显著改善了审计意见清洁率。没有发现变更审计师和变更事务所对审计意见清洁率有显著改善。可见，2011 年 1 月 1 日，《中华人民共和国国家审计准则》正式实施后，重述公司发布重述公告后不再通过变更审计师和变更事务所进行审计意见购买，而是转向更为隐蔽地提高现任审计师费用来实现。除了审计意见的购买途径越来越隐蔽外，本书还发现审计意见的改善程度越来越小，2011—2013 年重述公告后一年通过大幅提高现任审计师审计费用后审计意见清洁率仅仅比重述公告年增加了 4.24%，这是历年不同方式中改善程度最小的。

（五）本书以 2001—2013 年重述公告后一年获得清洁审计意见的公司为样本，跟踪其在重述公告后第二年的市场反应。图 5-1 为公告后的第一年度年报披露后（0，11）周（注：重述公告后第二年 3—4 月）的周平均超额回报率序列波动图，表 5-5 为公告后的第一年度年报披露后（0，11）周，周超额累计回报率的描述性

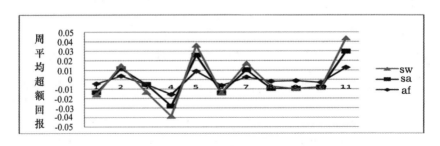

图 5-1　重述公司重述公告后第一年度年报

披露后（0，11）周周平均超额回报

统计。从图 5 - 1 和表 5 - 5 发现，重述公司在重述公告后一年变更审计师和变更事务所会引起重述公告后第二年剧烈的市场波动，和较低的超额回报率。而公司审计费用大幅增加引起的波动相对较小，超市场回报率也相对较高，AF 的均值和中位数均高于 SW、SA 的均值和中位数，且标准差均小于 SW、SA 的标准差。说明，投资者对重述公司重述后变更事务所和变更审计师更为敏感。

表 5 - 5　　重述公司重述公告后一年年报披露后 (0，11) 周 CAR 值

变量	观测值	均值	标准差	最小值	25%	中位数	75%	最大值
SW	765	- 0.011	0.199	- 1.120	- 0.109	- 0.005	0.090	0.985
SA	631	0.002	0.211	- 0.449	- 0.142	- 0.008	0.123	0.740
AF	551	0.011	0.191	- 0.474	- 0.092	0.001	0.105	0.868

综上论述可知，2001—2006 年重述公司在重述后一年通过变更审计师成功实现了审计意见购买目的；2007—2010 年重述公司在重述后一年通过变更事务所和大幅度提高现任审计师审计费用成功达到了审计意见购买目的；2011—2013 年重述公司在重述后一年只通过大幅度提高现任审计师审计费用来改善审计意见，而且，改善程度越来越弱。由此说明，从 2001—2013 年随着我国审计制度的规范和监管制度的完善，我国审计意见购买交易逐步减少，手段也更为隐蔽，而这种较为隐蔽的方式确实给公司带来了较高的超额回报，并且成功逃过了投资者和监管者的眼睛。这与本书的假设相符。

二　单变量检验

在单变量检验中本书就重述公告后一年获得"清洁"审计意见并变更审计师、变更事务所或者大幅提高审计费用的公司对其公告后第二年 (0，11) 周超额回报 CAR 值进行均值和中位数检验，检验结果见表5－6。结果显示，重述公告后一年获得"清洁"审计意见的公司如果变更审计师、变更事务所则年报披露后会引起收益显著下降，而审计费用大幅增加的公司其收益并没有显著下降，在2001—2006年还显著增加。

表5－6　公司重述公告后一年年报披露后（0，11）周CAR值分年度检验

变量	均值	中位数	均值	中位数	均值	中位数
年度	2001—2006		2007—2010		2011—2013	
全样本	－0.003	－0.003	－0.008	－0.008	0.029	0.002
SW	－0.014	－0.010	0.037	0.019	－0.046	－0.041
SA	0.018	0.009	－0.033	－0.069	0.005	0.001
AF	0.003	0.014	－0.011	－0.032	0.011	－0.031
SW 与全样本	－0.011*	－0.007*	0.045	0.027	－0.075***	－0.043***
Testdiffenence	（－1.710）	（－1.790）	（－1.511）	（1.513）	（3.096）	（2.603）
SA 与全样本	－0.021	－0.012	－0.025*	－0.061*	－0.025*	－0.001*
Test diffenence	（1.314）	（0.990）	（1.868）	（1.918）	（1.852）	（1.940）
AF 与全样本	0.006	0.016*	－0.003	－0.024	－0.019	－0.033
Test diffenence	（1.464）	（1.765）	（0.094）	（0.275）	（0.806）	（1.509）

注：*、**、***分别表示在10%、5%和1%的显著水平下显著。

三　实证结果

（一）公司财务重述后变更审计师、变更事务所以及大幅增加现任审计师的审计费用对审计意见的影响。

表5－7列示的是公司重述公告后一年变更审计师、变更事务所与大幅度提高现任审计师审计费用与公司"清洁"审计意见的检验结果，由表中结果可以看出，公司财务重述公告后一年变更审计师、变更事务所以及大幅增加现任审计师的审计费对审计意见的影响完全不同。具体而言，2001—2006年发生重述公告的公司在公告后一年通过变更审计师可以显著改善审计意见；2007—2010年发生

表5－7　　　　公司变更审计师、变更事务所、大幅增加现任
审计师审计费用对审计意见的影响

变量	模型（5－1）分年度回归结果		
	01—06 Coeff （z）	07—10 Coeff （z）	11—13 Coeff （z）
SW_{it}	0.004 *	− 0.023	0.002
	（0.182）	（− 1.171）	（0.064）
SA_{it}	− 0.042 *	0.020 *	0.002
	（− 1.853）	（1.730）	（0.063）
AF_{it}	− 0.007	0.012 *	0.020 *
	（− 0.330）	（1.694）	（1.698）
$OP_{i(t-1)}$	0.379 ***	0.500 ***	0.463 ***
	（12.245）	（14.084）	（9.971）
Lev_{it}	− 0.204 ***	− 0.062 ***	− 0.197 ***
	（− 5.129）	（− 4.281）	（− 3.479）
Roe_{it}	0.022 **	0.075 ***	− 0.010
	（2.325）	（6.057）	（− 1.538）
$Loss_{it}$	0.001 ***	0.000	0.000
	（2.945）	（− 0.829）	（0.754）
$Size_{it}$	0.009	0.028 ***	0.015
	（0.783）	（2.937）	（1.460）
Intercept	0.482	− 0.094	0.27
	（1.022）	（− 0.469）	（1.257）
Industry	Yes		
Year	Yes		
观测值	1167	659	395
R^2	0.47	0.497	0.545

注：*、**、*** 分别表示在10%、5%和1%的显著水平下显著。

重述公告的公司在公告后一年通过变更事务所和大幅提高审计费用
可以显著改善审计意见；2011—2013 年发生重述公告的公司在公告

后一年大幅提高现任审计师费用显著改善了审计意见。由此可见，公司在财务重述公告后为了挽回投资者的信心确实存在审计意见购买交易，从2001—2013年，随着我国审计制度和监管制度的规范，审计意见购买的方式由变更审计师、变更事务所转向提高审计费用收买现任审计师，方法越来越隐蔽，审计意见购买交易的程度越来越弱。这与本书的假设刚好相符。

（二）公司财务重述公告后一年变更审计师、变更事务所与提高现任审计师审计费用带来的市场反应。

本书选取2001—2013年公司财务报表重述公告后一年获得"清洁"审计意见的公司为样本，观测公司在重述公告后一年变更审计师、变更事务所和提高现任审计师审计费用时，年报披露后（0，11）周的CAR值，并对其作总样本和分年度检验，实证检验结果如表5-8所示。

表5-8　　　　　　　　　SW_{it}、SA_{it}、AF_{it}对$CAR_{i(t+1)}$的影响

变量	模型（5-2）分年度回归			
	全样本 Coeff （z）	01—06 Coeff （z）	07—10 Coeff （z）	11—13 Coeff （z）
SW_{it}	-0.036 ***	-0.029 **	-0.026	-0.119 **
	（-3.113）	（-2.286）	（-0.964）	（-2.468）
SA_{it}	-0.046	-0.043	-0.039 *	-0.059 **
	（-1.583）	（-1.433）	（-1.690）	（-2.546）
AF_{it}	0.004	0.013	0.006	0.005
	（0.356）	（0.840）	（0.245）	（0.216）
$OP_{i(t-1)}$	0.004	0.028	-0.071	0.046
	（0.181）	（0.958）	（-1.097）	（0.808）
Lev_{it}	-0.009	-0.021	-0.045	0.057
	（-0.310）	（-0.510）	（-0.723）	（1.003）

续表

变量	(5-2) 分年度回归			
	全样本 Coeff (z)	01—06 Coeff (z)	07—10 Coeff (z)	11—13 Coeff (z)
Roe_{it}	0.003 * (1.695)	0.003 (1.438)	0.029 * (1.881)	-0.002 (-1.286)
$Loss_{it}$	0.021 ** (2.562)	0.032 *** (2.582)	0.040 ** (2.071)	0.001 * (1.900)
$Size_{it}$	-0.012 ** (-2.184)	0.004 ** (2.480)	-0.018 ** (-2.305)	-0.017 *** (-2.585)
Intercept	0.244 (1.099)	-0.011 (-0.584)	0.490 (1.676)	0.232 (1.027)
Industry	—	—	Yes	—
Year	—	—	Yes	—
观测值	1946	1008	579	359
R^2	0.021	0.020	0.026	0.059

注：*、**、*** 分别表示在 10%、5% 和 1% 的显著水平下显著。

从表 5-8 的全样本和分时间段的检验结果来看，公司发布财务报表重述公告后立即变更审计师与公司 CAR 显著负相关，说明投资者对重述后公司变更审计师非常敏感。投资者对公司发布财务重述公告后变更事务所的反应则在不同时间段表现不同，总样本检验结果显示变更事务所对公司累积超额收益率有负面影响，但不显著。从时间段来看，2007—2010 年和 2011—2013 年两个时间段发布重述公告的公司公告后一年变更事务所可以显著降低超额回报率，而 2001—2006 年发布重述公告的公司公告后一年变更事务所对超额回报率的降低作用却不显著，由此说明投资者对重述公告后公司变更事务所的敏感性在逐步增强。对于现任审计师审计费用的增加在每个样本层都表现出对超额回报率的正面影响，但结果均不显著。由此可见，财务重述公告后公司立即变更事务所和审计师确实会向市场传递一种不良信号，并且投资者对这种信号很敏感，而提高现任审计师审计费用引起投资者的关注则弱得多。

四 内生性控制

为了解决变量间的内生性问题，本书采用倾向得分匹配法（PSM）（PSM 方法的介绍见本书第 4 章）分析比较财务重述公司在发布重述公告后一年变更审计师、变更事务所、大幅度增加现任审计师审计费用对公司 CAR 值的影响。

（一）分析公司重述公告后一年变更审计师对公告后第二年 CAR 值得影响。以财务重述公司是否发生审计师变更为标准，将总样本分为两大类：一是处理组，变更审计师的重述公司，记为 $T_i = 1$；二是控制组，没有变更审计师的重述公司，记为 $T_i = 0$。用公司的特征来估计倾向得分，特征变量包括：变更事务所（SA）、大幅提高审计费用（AF）、公司规模（Size）、净资产收益率（Roe）、公司是否亏损（Loss）、资产负债率（Lev）和行业（Industry）、年度（Year）。确定匹配变量后本书用 Logistic 模型估计倾向得分，将模型中的样本接受处理的预测概率作为倾向得分即 PS 值。再以估计出的 PS 值为基础，采用 1∶1 最近邻匹配法，向前或向后寻找与处理组样本 PS 值最为接近的控制组样本作为匹配对象。主要匹配变量的平衡性检验结果如表 5 – 9 所示，本书可以看出各个匹配变量在匹配之后的标准偏差值都显著小于 20。

表 5 – 10 的实证结果显示，匹配后处理组的 CAR 均值为 – 0.0193，控制组的 CAR 均值为 0.0112，ATT 平均处理效应等于 – 0.0305，在 10% 的水平下显著。基于 PSM 方法的检验表明，在

表 5 - 9 匹配前后的样本特征对比

变量	样本	平均值		标准偏差%
		处理组	控制组	
AF	匹配前	0.494	0.474	4.0
	匹配后	0.494	0.471	4.5
SA	匹配前	0.270	0.303	-7.2
	匹配后	0.270	0.305	-7.7
Lev	匹配前	0.534	0.527	3.6
	匹配后	0.534	0.544	-5.0
Roe	匹配前	0.088	0.037	5.6
	匹配后	0.088	0.083	0.5
Loss	匹配后	0.055	0.128	-15.6
	匹配前	0.055	0.060	-1.7
Size	匹配后	21.830	21.556	14.2
	匹配前	21.830	21.877	-4.2

表 5 - 10 总样本一对一匹配法的 ATT 效应

变量	匹配方法	处理组	控制组	ATT	标准差	T 值
CAR	1:1 最邻近匹配	-0.0193	0.0112	-0.0305	0.0173	1.76*

注：* 、** 、*** 分别表示在 10%、5% 和 1% 的显著水平下显著。

控制了公司其他特征的影响后，财务报表重述公司重述公告后一年变更审计师的公司其第二年的周超额回报 CAR 比与之相匹配的未变更审计师的公司低 3.05%，说明重述公司在重述公告后一年变更审计师可以引起投资者关注，即使获得"清洁"审计意见公司市场回报率仍显著下降，投资者对公司变更审计师具有强烈敏感性，与本书的研究结论一致。

（二）分析公司重述公告后一年变更审计师所对公告后第二年 CAR 值得影响。同样以财务重述公司重述公告后一年是否变更审计师为标准，将总样本分为两大类：一是处理组，变更审计师的重述公司，记为 $T_i = 1$；二是控制组，没有变更审计师的重述公司，记为 $T_i = 0$。用公司的特征来估计倾向得分，特征变量包括：变更审计师（SW）、大幅提高审计费用（AF）、公司规模（Size）、净资产收益率（Roe）、公司是否亏损（Loss）、资产负债率（Lev）和行业（Industry）、年度（Year）。同理本书采用 1∶1 最近邻匹配法，主要匹配变量的平衡性检验结果如表 5 - 11 所示。本书可以看出各个匹配变量在匹配之后的标准偏差值都显著小于 20。

表 5 - 11 匹配前后的样本特征对比

变量	样本	平均值		标准偏差%
		处理组	控制组	
AF	匹配前	0.292	0.295	-0.6
	匹配后	0.293	0.292	0.3
SA	匹配前	-0.117	0.009	4.7
	匹配后	-0.124	0.011	1.5
Lev	匹配前	0.528	0.540	-5.9
	匹配后	0.527	0.530	-1.5
Roe	匹配前	0.001	0.084	-8.8
	匹配后	0.051	0.062	-1.1
Loss	匹配后	0.103	0.106	-0.9
	匹配前	0.102	0.088	4.3
Size	匹配后	21.560	21.710	-13.6
	匹配前	21.564	21.548	1.5

表 5 - 12 的实证结果显示，匹配后处理组的 CAR 均值 -0.0111，控制组的 CAR 均值为 -0.0070，ATT 平均处理效应等于 -0.0041，不显著。基于 PSM 方法的检验表明，在控制了公司其他特征的影响后，财务报表重述公司重述公告后一年变更事务所的公司其第二年的周超额回报 CAR 值和与之相匹配的未变更事务所的公司相比略有降低，但不显著。由此说明，重述公司在重述公告后

一年变更事务所，会引起投资者和监管部门的关注，因此，公司重述后变更事务所非常谨慎，该检验结果不显著。

表 5 – 12　　　　　　　　　　**总样本一对一匹配法的 ATT 效应**

变量	匹配方法	处理组	控制组	ATT	标准差	T 值
CAR	1∶1 最邻近匹配	− 0.0111	− 0.0070	− 0.0041	0.0170	0.94

注：＊、＊＊、＊＊＊分别表示在10%、5%和1%的显著水平下显著。

（三）分析公司重述公告后一年大幅度提高现任审计师审计费用所对公告后第二年 CAR 值得影响。同样以财务重述公司重述公告后一年是否大幅度提高审计费用为标准，将总样本分为两大类：一是处理组，大幅度提高现任审计师审计费用的重述公司，记为 $T_i = 1$；二是控制组，没有大幅度提高现任审计师审计费用的重述公司，记为 $T_i = 0$。用公司的特征来估计倾向得分，特征变量包括：变更审计师（SW）、变更事务所（SA）、公司规模（$Size$）、净资产收益率（Roe）、公司是否亏损（$Loss$）、资产负债率（Lev）和行业（$Industry$）、年度（$Year$）。同理本书采用1∶1最近邻匹配法，主要匹配变量的平衡性检验结果如表 5 – 13 所示。本书可以看出各个匹配变量在匹配之后的标准偏差值都显著小于20。

表 5 – 13　　　　　　　　　　**匹配前后的样本特征对比**

变量	样本	平均值		标准偏差%
		处理组	控制组	
SA	匹配前	0.261	0.295	− 7.5
	匹配后	0.264	0.278	− 3.2

续表

变量	样本	平均值		标准偏差%
		处理组	控制组	
SW	匹配前	− 0. 112	0. 010	− 3. 2.
	匹配后	− 0. 120	0. 011	− 3. 5
Lev	匹配前	0. 523	0. 540	− 8. 5
	匹配后	0. 521	0. 529	− 3. 7
Roe	匹配前	0. 108	0. 084	2. 6
	匹配后	0. 052	0. 053	− 0. 1
Loss	匹配后	0. 115	0. 106	3
	匹配前	0. 109	0. 136	− 8. 5
Size	匹配后	21. 695	21. 710	− 1. 3
	匹配前	21. 714	21. 824	− 9. 4

表 5 - 14 的实证结果显示，匹配后处理组的 CAR 均值为 0. 0017，控制组的 CAR 均值为 − 0. 0141，ATT 平均处理效应等于 0. 0158，不显著。基于 PSM 方法的检验表明，在控制了公司其他特征的影响后，财务报表重述公司重述公告后一年大幅度提高现任审计师审计费用的公司其第二年的周超额回报 CAR 值和与之相匹配的未大幅度提高现任审计师审计费用的公司相比无显著变化，因此说明，重述公司在重述公告后一年大幅度提高现任审计师审计费用并未引起强烈的市场反应。投资者对审计费用增加的敏感性相对较差，与本书的研究结论一致。

表 5 – 14   总样本一对一匹配法的 ATT 效应

变量	匹配方法	处理组	控制组	ATT	标准差	T 值
CAR	1:1 最邻近匹配	0. 0017	− 0. 0141	0. 0158	0. 0182	0. 87

注：*、**、***分别表示在10%、5% 和1% 的显著水平下显著。

五　稳健性检验

为了使本章的研究结论更稳健，作者将重述公告后一年获得"清洁"审计意见公司的盈余管理幅度进行年度序列分析，公司盈余管理程度本书选用 Kothari et al.（2005）提出的 KLW 模型估计的公司可操控应计盈余 DA 度量。如图 5－2 所示，2001—2006 年重述公告后一年获得"清洁"审计意见公司的盈余管理呈上升趋势，2007—2010 年的盈余管理程度尤为严重，2010 年出现拐点呈下降趋势。该结果进一步佐证了本书的研究结论，2010 年之后我国审计意见购买交易呈下降趋势。本书还用修正的 Jones 模型重新估算 DA，结论与本章结论一致。

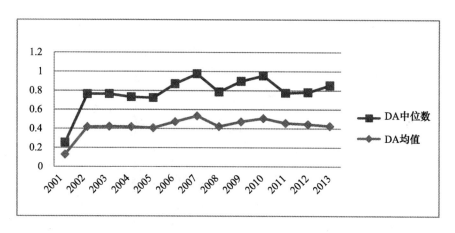

图 5－2　重述公告后一年获清洁审计意见公司盈余管理幅度时间序列

第四节　本章小结

经过研究发现：首先，财务重述后公司管理层确实存在审计意见购买动机，并成功达到了审计意见购买目的；其次，随着我国审计制度的规范和监管制度的加强，这种审计意见购买交易呈现减弱趋势；再次，投资者对公司管理层审计意见购买行为的信号具有敏感性，其中对变更审计师和变更事务所最为敏感，对增加现任审计师审计费用的敏感性较弱；最后，公司财务重述公告后购买审计意见的方式中，主要趋于提高现任审计师审计费用，这种较为隐蔽的方式确实可以使财务重述公司管理层达到购买审计意见目的，并顺利逃过监管部门和投资者的眼睛。

第 6 章

财务重述在集团内的经济溢出效应

第一节 理论分析与研究假设

由委托代理理论可知，委托人和代理人存在严重信息不对称。代理人通过披露财务报表反映受托责任的履行情况，委托人根据代理人披露的信息进行投资决策。由于委托人不参与公司实际经营，当委托人对代理人的经营行为不满意时只能通过买卖股票来反映，在证券市场上就表现为股票收益率的变化。因此，信息观认为，具有信息含量的信息可以改变投资者决策，并影响公司股价（Fama，1993；Lesmond et al.，2004）。投资者会根据公司财务重述公告中补充、更正的信息修正其对公司未来收益的预期，重新作出决策，进而影响公司股票价格和收益。再者，财务重述本身就意味着公司曾经披露的财务报告存在瑕疵或不严谨，甚至可能存在公司管理层的操纵和欺诈行为，从而导致投资者对公司的财务信息质量和公司管理层的诚信产生质疑，进而表现为出售股票、拉低股票收益率的行为。Burks（2011）、Chin and Chi（2011）等很多学者也曾用经验数据验证了这一点。基于信号传递理论，公司财务重述不仅对公司自身产生经济后果，其向市场传递出的不诚信信号还会影响与重述公司有关的其他公司。集团内公司受同一控制人控制，公司间联系比同行业内公司应更为紧密。当集团内一个公司发生财务重述，投资者势必会对同一集团内的其他公司产生怀疑。因此提出本章第一个假设：

假设6-1：公司发生财务重述在同集团内具有负溢出效应。

公司财务重述的特征主要包括重述滞后期、重述发起方和重述内容等。重述滞后期是公司发布重述公告与被重述年报的时间间隔。重述发起方包括公司内部发起方和公司外部发起方。公司内部发起方主要是公司管理层，公司外部发起方包括审计师和各监管部门（如财政部、证监会和税务部门等）。本章以重述内容是否涉及盈余调整为标准将财务重述划分为涉及盈余调整的财务重述和没有涉及盈余调整的财务重述。

由委托代理理论本书可知，公司管理层与投资者存在严重信息不对称，相对于投资者而言，公司管理层更了解公司的经营状况和经营风险。内部报告假说认为，在市场有限理性下，内部人士有利用选择信息披露的时机来寻租的动机。因此公司管理层有利用自己的信息优势选择在对自己有利的时机披露特定信息的动机，即"好消息提前，坏消息推后"。因为滞后期较长的重述公告往往涉及严重错报，所以重述滞后期越长引起的市场波动越大。王志涛（2007）也发现财务重述公告越晚，市场反应越大。投资者除了关注公司财务重述的时间外还关注重述发起方。根据经济人假设，公司管理层自愿发布的重述公告内容往往是对自己有利的信息。而审计师和外部监管部门独立于公司，主要职责在于维护社会公共利益，因此由外部发起的财务重述内容一般是对公司不利的信息。同时，投资者对财务重述后公司管理层的诚信产生怀疑，因而公司管理层自愿披露的重述公告远远不及应审计师或外部监管部门要求而发布的重述公告更具有可信度。所以，由外部发起方发起的重述公告比公司内部自愿发起的重述公告能引起更大的市场反应。Palmrose et al.（2010）也发现，外部审计师发起的财务重述比公司内部自愿发起的重述的负市场反应更严重，两天的平均超额收益相差5%。机会主义认为，财务重述是因为公司管理层的机会主义心理而引发的。公司管理层通过虚假财务信息掩盖公司的真实经济状况以达到一些特定目的，当虚假财务信息无法掩盖时再通过财务重述来更正。因此对于公司发布的重述公告内容会受到投资者的特别关注。当公司重述公告的内容涉及盈余调整时，投资者会认为曾经的错报信息是管理层在刻意掩盖其盈余管理行为甚至是欺诈行为。现有文献如 Defond and Jiambalvo（1991）、Dechow（2000）等均表明涉及盈余调整的财务重述与管理层的盈余管理有关。Scholz（2008）和 Burks et al.（2011）等发现涉及盈余调整的财务重述比没有涉及盈余调整的财务重述引起更大的负市场反应。

综上可知，除了公司财务重述本身外，重述特征也受到投资者关注。如果公司财务重述在集团内具有负溢出效应，那么，同集团内关联公司的投资者也会关注重述公司的重述特征。所以，提出本章第二个假设：

假设 6 - 2：公司财务重述在集团内的负溢出效应受重述特征影响。

假设 6 - 2a：第三方发起的强制重述比公司自愿重述在集团内的负溢出效应更强。

假设 6 - 2b：公司财务重述滞后期越长，在集团内的负溢出效应也越强。

假设 6 - 2c：涉及盈余调整的公司财务重述比没有涉及盈余调整的公司财务重述在同集团内的负溢出效应更强。

集团公司根据控制人不同分为政府控制集团与个人和家族控制集团，政府控制集团又分为中央政府控制集团和地方政府控制集团。实际控制人是集团公司不同于独立公司的重要特征，不同控制人控制下的集团公司特点也不同。首先，政府控制的集团公司受到市场力量和行政力量的双重作用。政府控制集团的管理层一般由政府指派，且均有行政级别，他们更多关心的是自己的升迁。为了自己在任期间的政绩，往往不惜以牺牲集团未来的发展而换取眼前利益，即使经营失败使集团陷入困境，政府一般也会施以援手。个人和家族控制集团因没有各级政府"埋单"，经营失败由股东自己承担，故而在作出经营决策时更加谨慎。所以，政府控制集团的经营风险比个人和家族控制集团的要高（刘启亮（2012））。其次，相对于个人和家族控制集团而言，政府控制集团的议价能力强得多。当审计师和外部监管部门对集团内公司财务报表提出质疑时，政府控制集团的管理层可能利用行政能力去干预，除非公司存在重大问题而且影响非常严重时才会被要求重述。再次，政府控制的集团公司一般规模较大，现有和潜在投资者较多，集团内公司一旦发生财务重述受到投资者的关注较多，而个人和家族控制的集团公司则因规模较小而受到投资者的关注也相对较小。最后，政府控制集团内公司关系复杂，不规范关联交易较多［邵学峰等（2008）］。一旦集团内一家公司发生财务重述，投资者很难相信集团内其他公司是清白的。

基于上述集团公司控制人的特征，提出本章第三个假设：

假设6-3：公司财务重述在政府控制集团内的负溢出效应比个人和家族控制集团内的大。

现有研究基于声誉理论、诉讼成本理论和规模效应理论均表明，"大所"的审计质量高于"小所"。声誉理论认为，事务所规模越大，拥有的客户越多，越注重自己的声誉，从而审计质量越高［Dopuch and Simunic（1982）］。诉讼成本理论认为，"大所"因面临更高的诉讼风险而提供高质量审计［Khurana and Raman（2004）］。规模效应理论认为，"大所"具有更多专业专长的审计师、资源更多、经验更丰富，因此"大所"提供的审计服务质量更高 [Deis and Giroux（1992）等]。同时，相对于"小所"而言，"大所"对客户的议价能力较强，利益屈从的动机较小。所以，"四大"的审计结果更容易得到投资者信赖。由此提出第四个假设：

假设6-4：经"四大"审计的公司发生财务重述在集团内的负溢出效应比"非四大"审计的公司更强。

集团作为一个相互关联的经济整体，出于整体利益的考虑，集团内多家公司可能选择同一家事务所进行审计（伍利娜等，2012）。在集团关联审计的情况下，如果审计师对集团内某家公司发表"非清洁"审计意见，或者要求重述其财务报表，很可能导致集团内其他公司更换审计师甚至更换事务所，则该事务所将可能失去整个集团业务。面对我国竞争激烈的审计市场，集团公司是审计事务所竞争的主要对象。所以，集团内公司只有确实存在重大问题才会被要求重述。而集团是一个经济整体，一个公司存在重大问题，其他公司也很难独善其身，即使这些公司获得"清洁"审计意见，投资者也会对这种"清洁"意见的质量提出质疑。所以，提出本章第五个假设：

假设6-5：财务重述在关联审计集团内的负溢出效应比非关联审计集团内的负溢出效应大。

第二节　研究设计与样本选取

一　变量定义与说明

（一）重述关联公司

本章将财务重述公司所在集团内未发生财务重述并获得"清洁"审计意见的公司定义为重述关联公司。集团内财务重述公司的重述行为是应审计师和监管部门要求发起的，则重述关联公司就是强制重述关联公司，否则为自愿重述关联公司。公司财务重述的内容涉及盈余调整的重述关联公司定义为盈余调整重述关联公司，否则为非盈余调整重述关联公司。财务重述公司是经由"四大"审计的，则重述关联公司就为"四大"重述关联公司，否则为"非四大"重述关联公司。重述集团由各级政府、国资委及国有机构控制则重述关联公司定义为政府控制的重述关联公司，否则为非政府控制重述关联公司。

（二）集团关联审计

对于由同一控制人控制并拥有两家以上公司的集团公司，本章将重述集团中至少有一家关联公司与重述公司由同一家事务所审计的行为定义为集团关联审计。

表 6 - 1   变量说明

变量	说明	具体定义
CAR	累计超额收益率	$CAR_{i(t_1,t_2)} = \sum_{t_1}^{t_2} AR_{it}$
MandRes	重述发起方	集团内重述公司的重述由审计师或监管部门强制发起定义为 1，否则为 0
TL	公司财务重述滞后期	设置 TL_1、TL_2 两个哑变量，重述公告在被重述内容的次年，TL_1 为 1；重述公告在被重述内容之后的第二年，TL_2 为 1；重述公告在被重述内容之后的第三年及以后，则 TL_1、TL_2 均为 0
Fraud	重述内容是否涉及盈余调整	重述内容涉及盈余调整为 1，否则为 0
Big	"四大"事务所审计	集团内重述公司经由"四大"审计定义为 1，否则为 0
JointAud	关联审计	重述公司所在集团采用关联审计模式定义为 1，否则为 0

变量	说明	具体定义
Gov	集团控制人性质	重述公司所在集团为政府控制，定义 Gove 为1；非政府控制，Gove 为0
Lev	资产负债率	年末总负债除以总资产
Roe	净资产收益率	当年净利润除以年末净资产
Loss	公司是否亏损	如果当年净利润小于0为1，否则为0
Size	公司规模	年末总资产的自然对数

二 基本模型

（一）财务重述在集团内部的溢出效应检验

$$CAR_{-it} = \alpha_0 + \alpha_1 CAR_{it} + \alpha_2 Lev_{-i(t-1)} + \alpha_3 Roe_{-i(t-1)} + \alpha_4 Loss_{-i(t-1)}$$
$$+ \alpha_5 Size_{-i(t-1)} + Year + Industry + \varepsilon_{it} \qquad (6-1)$$

根据假设6-1公司发生财务重述会对集团内其他公司造成负外部性，故本书用 Logistic 回归本模型检验集团内重述公司和重述关联公司在重述公告前后（-10，20）共30个交易日的累计超额收益率 CAR 的相关性。CAR_i 表示集团内重述公司的30个交易日的累计超额收益率，CAR_{-i} 表示集团内重述关联公司30个交易日的累计超额收益率。控制变量的选择参考以往的研究，控制了重述关联公司重述公告日前一年度的资产负债率（*Lev*）、净资产收益率（*Roe*）、公司是否亏损（*Loss*）、资产规模（*Size*）、行业因素（*Industry*）、年度（*Year*）等。本书根据证监会行业分类标准将样本公司分为制造业和非制造业两类，制造业公司定义 *Industry* 为1，否则为0；年度变量 *Year* 本书设置了11个哑变量来控制。

（二）财务报表重述在集团内部溢出效应的影响因素检验

$$CAR_{-it} = \beta_0 + \beta_1 CAR_{it} + \beta_2 CondVar_{i(t-1)} + \beta_3 CAR_{it} * CondVar_{i(t-1)}$$
$$+ \beta_4 Lev_{-i(t-1)} + \beta_5 Roe_{-i(t-1)} + \beta_6 Loss_{-i(t-1)} + \beta_7 Size_{-i(t-1)}$$
$$+ Year + Industry + \varepsilon_{it} \qquad (6-2)$$

模型中 *CondVar* 代表 *TL*、*Fraud*、*Big*4、*Gov* 和 *JointAud*。公司财务重述在同集团内具有负溢出效应，重述内容、重述滞后期以及集团控制人性质、集团内重述公司聘请的事务所规模、集团的审计方式都会对这种溢出效应产生影响。故本书用 Logistic 回归本模型检验上述因素对公司财务重述在同集团内传染性的影响方向和影响程度。模型控制了重述关联公司重述公告日前一年度的资产负债率（*Lev*）、净资产收益率（*Roe*）、公司是否亏损（*Loss*）、资产规模（*Size*）、行业因素（*Industry*），年度（*Year*）等。

三　数据来源及样本选取

本书以 2003—2014 年 A 股主板上市的重述集团公司为样本，研究财务报表重述在集团内的负溢出效应。公司数据全部来自 CS-MAR 数据库，研究中剔除了银行、保险等金融公司和变量缺失的公司，最终得到集团内重述公司 436 家，集团公司 434 家，重述集团内相关公司 2166 家，在重述公司重述年获得"清洁"审计意见的关联公司 1830 家。为了消除异常值的影响，对除了哑变量之外的其他所有连续变量都进行了上下 1% 的 Winsorize 处理。

第三节　实证结果与分析

一　描述性统计

表 6 - 2 为样本描述性统计，本书可看到 56.9% 的重述公司重述内容涉及盈余调整；17.2% 的重述由公司外部发起；仅仅 3.2% 重述公司的重述滞后期为 1 年，51.9% 重述滞后期为 2 年，剩余重述公司重述滞后期在三年或者三年以上；9.3% 的重述公司聘请"四大"审计；17% 重述公司所在的集团采用联合审计；93.8% 的

重述公司属于政府控制集团，6.2% 属于非政府控制集团；重述公司重述公告前后（ - 10，20）30 日累计超额收益率 CAR 不论均值（ - 0.009）还是中位数（ - 0.017）均小于关联公司 30 日累计超额收益率 CAR 的均值（ - 0.003）和中位数（ - 0.001），说明重述后公司的市场表现比关联公司更糟糕。公司亏损（$Loss_{-i(t-1)}$）均值为 0.083，表明重述关联公司中 8.3% 处于亏损状态。其他公司特征变量 $Lev_{-i(t-1)}$、$Size_{-i(t-1)}$、$Roe_{-i(t-1)}$、$Loss_{-i(t-1)}$ 均基本呈现正态分布。

表 6 - 2   样本描述性统计

变量	观测值	均值	标准差	最小值	25%	中位数	75%	最大值
TL_{1it}	1830	0.032	0.177	0	0	0	0	1
TL_{2it}	1830	0.519	0.500	0	0	1	1	1
$MandRes_{it}$	1830	0.172	0.378	0	0	0	1	1
$Fraud_{it}$	1830	0.569	0.495	0	0	1	1	1
$Big4_{it}$	1830	0.093	0.291	0	0	0	0	1
$JointAud_{it}$	1830	0.170	0.376	0	0	0	0	1
Gov_{it}	1830	0.938	0.241	0	0	0	1	1
CAR_{it}	1830	- 0.009	0.097	- 0.309	- 0.068	- 0.017	0.041	0.302
CAR_{-it}	1830	- 0.003	0.099	- 0.329	- 0.063	- 0.001	0.050	0.290
$Size_{-i(t-1)}$	1830	22.114	1.455	17.663	21.127	21.920	22.889	30.363
$Lev_{-i(t-1)}$	1830	0.507	0.195	0.043	0.364	0.515	0.654	1.078
$Roe_{-i(t-1)}$	1830	0.063	0.142	- 0.955	0.029	0.069	0.114	0.890
$Loss_{-i(t-1)}$	1830	0.083	0.276	0	0	0	0	1

二 单变量检验

单变量检验本书主要对重述关联公司重述公告前后（ - 10，20）30 日累计超额收益率进行均值和中位数检验。从表 6 - 3 中可知，当重述由外部发起时，关联公司 CAR 的均值显著偏小，表明由公司外部发起的强制重述在同集团内的溢出效应大于公司管理层自愿重述的溢出效应。随着滞后期的增长，重述关联公司 30 日累计超额收益率 CAR 递减，由此可见，集团内公司财务重述的滞后期越长，对同集团内其他公司的影响越大。重述内容涉及盈余调整的关联公司 CAR 的中位数在 10% 水平下显著小于不涉及盈余调整的重述关联公司；政府控制集团的重述关联公司 CAR 的均值和中位数均在 10% 水平下显著小于非政府控制集团的关联公司；经"四大"审计的重述公司其关联公司 CAR 的均值和中位数与"非四大"审计重述关联公司的均值和中位数都无显著差异；集团采用关联审计时，关联公司 CAR 的均值（−0.017）显著小于非关联审计集团内重述关联公司 CAR 的均值（−0.007）。说明公司重述在关联审计集团内部的负溢出效应比非关联审计集团内强。

表 6 – 3　重述关联公司重述公告前后（−10，20）30 日累计超额收益率 CAR

重述关联公司	变量	均值 （t）	中位数 （z）	25 分位数	75 分位数	标准差	观测值
重述发起方	$MandRes=0$	− 0. 008 *** （− 3. 024）	− 0. 017 *** （5. 880）	− 0. 066	0. 041	0. 094	1515
	$MandRes=1$	− 0. 014 ** （− 2. 078）	− 0. 016 ** （2. 542）	− 0. 083	0. 048	0. 109	315
	Test difference	− 0. 006 * （1. 736）	0. 001 （0. 494）	—	—	—	—
重述滞后期	TL_1	− 0. 001 （− 0. 061）	− 0. 017 （0. 841）	− 0. 055	0. 037	0. 085	59
	TL_2	− 0. 009 ** （− 2. 56）	− 0. 017 *** （4. 601）	− 0. 065	0. 040	0. 095	949
	3 年及以上	− 0. 010 *** （− 2. 642）	− 0. 018 *** （4. 350）	− 0. 073	0. 043	0. 099	822
	TL_1 与 3 年及以上 Test difference	− 0. 009 （− 0. 640）	− 0. 001 * （1. 834）	—	—	—	—

续表

重述关联公司	变量	均值 （t）	中位数 （z）	25 分位数	75 分位数	标准差	观测值
重述 内容	$Fraud=0$	−0.013 **** （−3.503）	−0.018 *** （4.973）	−0.068	0.037	0.094	789
	$Fraud=1$	−0.016 * （−1.836）	−0.019 *** （4.162）	−0.068	0.031	0.090	1041
	Test difference	−0.003 （1.328）	−0.001 * （1.816）	—	—	—	—
集团 控制人	$Gov=0$	−0.008 **** （−3.354）	−0.016 **** （6.120）	−0.068	0.042	0.095	113
	$Gov=1$	−0.018 （−1.463）	−0.023 * （−1.919）	−0.079	0.028	0.122	1717
	Test difference	−0.010 * （1.963）	−0.007 * （1.920）	—	—	—	—
重述 公司 事务所	$Big_4=0$	−0.002 （−0.300）	−0.006 （0.904）	−0.058	0.038	0.085	1660
	$Big_4=1$	−0.010 *** （−3.700）	−0.018 *** （6.437）	−0.070	0.041	0.098	170
	Test difference	−0.008 （0.892）	−0.012 （1.401）	—	—	—	—
集团 审计 方式	$JointAud=0$	−0.007 *** （−2.646）	−0.017 *** （5.926）	−0.068	0.044	0.099	1519
	$JointAud=0$	−0.017 *** （−3.303）	−0.017 ** （2.439）	−0.068	0.031	0.084	311
	Test difference	−0.010 * （−1.698）	0.000 （0.666）	—	—	—	—

注：* 、** 、*** 分别表示在10%、5%和1%的显著水平下显著。

三　实证结果

（一）同集团内重述公司与重述关联公司的超额收益率回归分析

由表6−4中回归结果可以看出重述公告前后30日内，同集团内重述公司与重述关联公司累计超额收益率显著正相关。现有文献 Burks（2011）、Chin and Chi（2009）等已表明，公司财务重述后会给公司带来负异常收益，而重述公司与重述关联公司累计超额收益率显著正相关，说明集团内公司发生财务重述会给集团内其他公司带来负异常收益。这与本章假设 6-1 相符。

表 6-4 CAR_{it} 对 CAR_{-it} 的影响

变量	coeff	变量	coeff
	（t）		（t）
CAR_{it}	0.131***	Intercept	-0.014
	(5.347)		(-0.362)
$Size_{-i(t-1)}$	0.001	Industry	Yes
	(0.206)		
$Lev_{-i(t-1)}$	-0.006	Year	Yes
	(-0.407)		
$Roe_{-i(t-1)}$	0.010**	观测值	1585
	(2.437)		
$Loss_{-i(t-1)}$	-0.009*	R^2	0.20
	(-1.763)		

注：*、**、*** 分别表示在 10%、5% 和 1% 的显著水平下显著。

（二）财务重述在集团内部传染性的影响因素检验

由表 6-5 可以看到集团内公司发生财务重述，其重述内容、重述滞后期、重述发起方以及重述公司聘请的审计事务所规模、集团的控制人性质和审计方式都会影响重述在集团内的溢出效应。其中，重述公司聘请的审计事务所规模的影响最大，$CAR_{it} * Big_{4it}$ 的系数 0.114（2.890）表明经由"四大"审计的公司重述会大大增强重述在集团内引起的负溢出效应；集团控制人性质的影响次之，$CAR_{it} * Gov_{it}$ 的系数 0.107（2.298）说明公司重述在政府控制集团内的溢出效应大于非政府控制集团；$CAR_{it} * Fraud_{it}$、$CAR_{it} * TL_{2it}$、$CAR_{it} * MandRes_{it}$、$CAR_{it} * JointAud_{it}$ 的系数 0.104（2.271）、0.095（1.905）、0.099（1.910）、0.069（1.853），说明公司重述内容涉及盈余调整、公司重述滞后超过一年以及由公司外部发起的重述和集团采用联合审计模式均会增强重述在集团内的负溢出效应。综上与本书假设均相符。

表 6-5　　　　$MandRes_{it}$、TL_{it}、$Fraud_{it}$、Big_{4it}、

Gov_{it}、$JointAud_{it}$ 与 CAR_{-it}

变量	$MandRes_{it}$ coeff (t)	TL_{it} coeff (t)	$Fraud_{it}$ coeff (t)	Big_{4it} coeff (t)	$JointAud_{it}$ coeff (t)	Gov_{it} coeff (t)
CAR_{it}	0.132 *** (4.841)	0.163 *** (4.368)	0.088 ** (2.171)	0.123 *** (4.937)	0.139 *** (5.348)	0.319 *** (3.752)
$MandRes_{it}$	-0.008 (-1.254)	—	—	—	—	—
$CAR_{it} *$ $MandRes_{it}$	0.099 * (1.910)	—	—	—	—	—
TL_{1it}	—	-0.011 (-0.749)	—	—	—	—
$CAR_{it} *$ TL_{1it}	—	0.069 (0.363)	—	—	—	—
TL_{2it}	—	-0.019 (-0.845)	—	—	—	—
$CAR_{it} *$ TL_{2it}	—	0.095 * (1.905)	—	—	—	—
$Fraud_{it}$	—	—	-0.005 * (-1.692)	—	—	—
$CAR_{it} *$ $Fraud_{it}$	—	—	0.104 ** (2.271)	—	—	—

续表

变量	$MandRes_{it}$ coeff (t)	TL_{it} coeff (t)	$Fraud_{it}$ coeff (t)	Big_{4it} coeff (t)	$JointAud_{it}$ coeff (t)	Gov_{it} coeff (t)
Big_{4it}	— —	— —	— —	−0.004 (0.495)	— —	— —
$CAR_{it}*$ Big_{4it}	— —	— —	— —	0.114*** (2.890)	— —	— —
$JointAud_{it}$	— —	— —	— —	— —	−0.009 (−1.285)	— —
$CAR_{it}*$ $JointAud_{it}$	— —	— —	— —	— —	0.069* (1.853)	— —
Gov_{it}	— —	— —	— —	— —	— —	−0.013 (−1.279)
$CAR_{it}*$ Gov_{it}	— —	— —	— —	— —	— —	0.107** (2.298)
$Size_{-i(t-1)}$	0.001 (0.032)	0.001 (0.087)	0.001 (0.347)	0.001* (0.176)	0.001 (0.292)	0.001 (0.094)
$Lev_{-i(t-1)}$	−0.004 (−0.291)	−0.005 (−0.325)	−0.012 (−0.810)	−0.011 (−0.755)	−0.013 (−0.884)	−0.005 (−0.353)
$Roe_{-i(t-1)}$	0.010** (2.437)	0.010** (2.427)	0.012** (2.241)	0.011** (2.206)	0.011** (2.200)	0.011** (2.483)
$Loss_{-i(t-1)}$	−0.010* (−1.824)	−0.010* (−1.843)	−0.017* (−1.748)	−0.019* (−1.897)	−0.018* (−1.796)	−0.009* (−1.760)
Intercept	−0.006 (−0.158)	−0.010 (−0.257)	−0.019 (−0.455)	−0.009 (−0.220)	−0.001 (−0.015)	−0.022 (−0.565)
Industry	Yes					
Year	Yes					
观测值	1585	1585	1585	1585	1585	1585
R^2	0.21	0.21	0.25	0.24	0.24	0.24

注: *、**、*** 分别表示在 10%、5% 和 1% 的显著水平下显著。

四　内生性控制

集团内公司的特征可能会对事务所规模的选择产生影响，本书参考 Chen H., Chen J. Z., Lobo G. J., et al. (2011) 用 2SLS 解决事务所规模选择的内生性问题。参考 Chen H., Chen J. Z., Lobo G. J., et al. (2011) 本书选取集团控制人性质（Gov）、公司规模（$Size$）、公司资产负债比（Lev）、公司总资产收益率（Roa）、公司是否亏损（$Loss$）、公司所在地市场化指数（Geo）、大股东持股比例（$Owner$）、是否有境外股（$Cross\ List$）、年度（$Year$）和行业（$Industry$）10 个变量作为外生变量用 $Probit$ 回归出 Big_4 的估计值作为工具变量，代入模型（6 - 2）再次回归，主要结果如下：

表 6 - 6　　　　　　　　　　2SLS 回归结果（主要变量）

变量	CAR_{it}	$Big_{4i(t-1)}$	$CAR_{it} * Big_{4i(t-1)}$	$Intercept$	R^2
Coeff	-0.047	-0.082	3.207 *	0.013	0.53
(t)	(-0.29)	(-0.61)	(1.71)	(0.21)	

注：* 、** 、*** 分别表示在 10%、5% 和 1% 的显著水平下显著。

从表 6 - 6 可以看出，控制内生性后由 Big_4 发起的重述确实会加强重述在集团内部的溢出效应，与本章研究结论一致。

五　稳健性检验

（一）为了使本书的结果更稳健，本书选取重述公司重述公告日前后（- 5，5）10 个交易日为窗口，检验重述公司与同集团内关联公司 10 日累计超额收益率 CAR 的相关性。检验结果如下：

表6-7 CAR_{it} 对 CAR_{-it} 的影响

变量	coeff (t)	变量	coeff (t)
CAR_{it}	0.110 *** (4.846)	Intercept	-0.014 (-0.508)
$Size_{-i(t-1)}$	0.001 (0.318)	Industry	Yes
$Lev_{-i(t-1)}$	-0.002 (-0.247)	Year	Yes
$Roe_{-i(t-1)}$	0.043 *** (2.738)	观测值	1585
$Loss_{-i(t-1)}$	-0.005 (-1.640)	R^2	0.21

注: * 、 ** 、 *** 分别表示在10%、5%和1%的显著水平下显著。

从表6-7看到,重述公告日前后(-5,5)10个交易日内,重述公司与同集团内关联公司的10日累计超额收益率 CAR 在1%下显著正相关性,同时本书还检验了影响因素的交乘项,与本章研究结论均一致。

(二)为了排除集团内公司之间其他特征,如公司间资源转移或关联交易等对本书结论的影响,本书借鉴 Jacob M. et al. (2016)采用安慰剂检验(Placebotest)法,随机选取某一交易日作为事件日,选取同一样本检验随机事件日前后(-10,20)重述公司与同集团内关联公司30日累计超额收益率 CAR 的相关性,并与重述公告前后(-10,20)重述公司与同集团内关联公司30日累计超额收益率 CAR 的相关性作比较。检验结果如表6-8所示:

表 6 - 8　　　　　　　　　　CAR_{it} 对 CAR_{-it} 的影响比较

变量	coeff (t)	变量	coeff (t)
随机交易日（-10, 20）		重述公告日（-10, 20）	
CAR_{it}	0.078 * (1.903)	CAR_{it}	0.259 *** (10.611)
$Size_{-i(t-1)}$	0.006 *** (2.850)	$Size_{-i(t-1)}$	0.001 (1.477)
$Lev_{-i(t-1)}$	-0.020 (-1.298)	$Lev_{-i(t-1)}$	-0.003 (-0.239)
$Roe_{-i(t-1)}$	0.002 (0.129)	$Roe_{-i(t-1)}$	0.023 (1.430)
$Loss_{-i(t-1)}$	-0.006 (-0.512)	$Loss_{-i(t-1)}$	-0.003 (-0.244)
Intercept	0.069 * (1.825)	Intercept	-0.039 (-0.982)
Industry	Yes	Industry	Yes
Year	Yes	Year	Yes
观测值	1374	观测值	1374
R^2	0.45	R^2	0.52

注：*、**、*** 分别表示在 10%、5% 和 1% 的显著水平下显著。

从表 6 - 8 中可以看到，随机交易日（-10, 20）30 日累计超额收益率 CAR_{it} 的系数明显小于重述公告日（-10, 20）30 日累计超额收益率 CAR_{it} 的系数，显著性也相差较多。同时本书还对两组数据 CAR_{it} 的系数进行了差异性检验，结果显示随机交易日（-10, 20）30 日累计超额收益率 CAR_{it} 的系数在 5% 水平下显著小于重述公告日（-10, 20）30 日累计超额收益率 CAR_{it} 的系数。以上检验结果均佐证了本章研究结论。

第四节　本章小结

　　本章运用我国集团公司为样本研究发现：一、公司财务报表重述在集团内部具有负溢出效应。二、该溢出效应受重述公司重述特征、聘请的审计事务所规模、公司集团的控制人性质和审计方式的影响。具体而言，重述公告的严重滞后、重述内容涉及盈余调整均会加强这种溢出效应，重述公司经四大审计、公司集团采用联合审计方式也会加强这种溢出效应，相对于非政府控制集团而言，重述在政府控制的集团内的溢出效应更强。

第7章

财务重述在集团内的
审计质量溢出效应

第一节 理论分析与研究假设

近年来一系列研究将财务重述和社会关系网络进行结合，发现聘请共同的董事、同一行业和地域均会导致财务报表重述的传染效应（Chiu et al.，2012；Kedia et al.，2010）。关于财务重述经济后果的研究也不再局限于公司内部，已经向行业、地域等延伸。我国周兵等（2012），李世新、刘兴翠（2012），张翼等（2014）的研究就发现，公司财务重述不仅影响本公司的股票收益率还会降低同行业内其他公司的股票收益率。公司的社会关系网络对公司的行为决策有着深远影响。集团公司作为一个相互关联的经济整体，集团内公司被同一控制人控制，个体公司的经济行为必然会对同集团内其他公司产生影响。由本书第6章研究结论可知，集团内公司发生财务重述会降低同集团内其他公司的股票收益率。目前尚无文献研究集团内公司发生财务重述对同集团内其他公司审计质量的影响。集团内公司发生财务报表重述对同集团内其他公司审计质量的影响有积极作用、消极作用两种可能。

集团内一个公司发生财务重述，集团内其他公司与重述公司由同一控制人控制，在一些经济行为和经济决策上具有相似性；再由本书第 6 章研究结论可知，集团内公司发生财务重述会降低同集团内其他公司的股票收益率。其他公司管理层为了挽回这种消极影响和避免本公司发生财务重述，在同集团内重述公司重述公告后一年具有审计意见购买动机。所以，提出本章第一个假设：

假设 7 - 1 （a）：公司发生财务重述会降低同集团内公司下一年度的审计质量。

Dechow（2000）认为，财务重述发生主要是由管理层的盈余管理行为和欺诈行为导致，尤其是重述内容涉及盈余的公司。Dechow et al.（2007）还指出，重述公司可能存在盈余和现金流方面的多重操纵。因为他们研究发现财务重述公司在季度末时的交易显著增加。Callen et al.（2004）研究也表明，公司管理层确实存在盈余管理问题，因为他们发现，公司在盈利下降或者在同行业中利润排名靠后时更容易发生财务重述。我国周晓苏、周琦（2011）发现调整短期盈余项目是公司管理层常用的盈余管理工具，而且他们还发现调整短期盈余项目与公司财务重述显著正相关。本书整理了我国从 2001—2014 年 14 年间 3159 家重述公司中涉及利润调整的重述公司比例高达 74.83%，也就是说，近 3/4 的公司重述与利润有关（见表 1 -4），说明我国重述公司中盈余管理问题严重。集团内公司重述给公司本身和关联公司带来的负经济后果会使重述后的集团公司管理层加强内部控制，关联公司管理层也会因受到"警示"而减少盈余管理以避免公司被要求发布重述公告，同时，审计师在对集团内重述关联公司发表审计意见时会因为集团内公司刚刚财务重述受投资者和监管部门额外关注而更加谨慎。因此集团内公司重述有可能对关联公司的审计质量产生积极影响，因而提出与 7 - 1（a）对立的假设：

假设 7 - 1 （b）：公司发生财务报表重述会提高同集团内关联公司下一年度审计意见质量。

第二节　研究设计与样本选取

一　变量定义与说明

（一）变更审计师与变更事务所

如果公司被观测年变更审计师而没有变更事务所，本书定义为公司当年变更审计师；如果公司被观测年变更审计师同时变更事务所，本书定义为公司当年变更事务所。

（二）盈余管理

本章继续用 Kothari et al. （2005）中 KLW 模型估计的可操控应计利润来度量公司的盈余管理。

表 7 - 1　　　　　　　　　　　　变量说明

变量	说明	具体定义
OP_{it}	审计意见	如果上市公司被出具"清洁"审计意见为 1，否则为 0
$OP_{i(t-1)}$	上一年度审计意见	如果上市公司上一年度被出具"清洁"审计意见为 1，否则为 0
DA	盈余管理幅度	修正 Jones 模型计算出来的可操控应计利润
SW_{it}	审计师变更	如果上市公司发生了审计师变更为 1，否则为 0
SA_{it}	事务所变更	如果上市公司发生了事务所变更为 1，否则为 0
ΔFee_{it}	审计费用变化率	（本年审计费用 - 上年审计费用）/上年审计费用
$Big4_{it}$	事务所规模	公司聘请的审计事务所为"四大"，则为 1，否则为 0

变量	说明	具体定义
$JointAud_{it}$	关联审计	重述企业所在集团采用关联审计模式定义为1，否则为0
Gov_{it}	集团控制人性质	设置Gov_1和Gov_2两个哑变量，重述企业所在集团为中央政府控制定义Gov_1为1，地方政府控制Gov_2为1，非政府控制Gov_1和Gov_2均为0
Lev_{it}	资产负债率	年末总负债除以总资产
$Loss_{it}$	当年是否亏损	如果当年净利润小于0则为1，否则为0
Roe_{it}	净资产收益率	当年净利润除以年末净资产
$Size_{it}$	公司规模	年末总资产的自然对数
$Industry$	行业	—
$Year$	年度	—

二 基本模型

（一）重述公司重述公告后一年关联公司变更审计师、变更事务所和增加审计费用对审计意见的影响

$$OP_{it} = \alpha_0 + \alpha_1 SW_{it} + \alpha_2 \Delta Fee_{it} + \alpha_3 SA_{it} + \alpha_4 OP_{i(t-1)} + \alpha_5 Big4_{it} + \alpha_6$$
$$Gove1_{it} + \alpha_7 Gove2_{it} + \alpha_8 JointAud_{it} + \alpha_9 Roe_{it} + \alpha_{10} Loss_{it} \alpha_{11} Lev_{it}$$
$$+ \alpha_{12} Size_{it} + Year + Industry + \varepsilon_{it} \qquad (7-1)$$

根据假设7-1（a），关联公司在重述公司重述公告后一年具有审计意见购买动机。现有研究表明，公司管理层购买审计意见的方式主要有变更审计师、变更事务所和提高审计费用。所以，本书用Logistic回归本模型检验重述公司重述公告后一年关联公司变更审计师、变更事务所和增加审计费用对审计意见的改善程度。

（二）关联公司在重述公司重述公告年和公告后一年公司盈余管理幅度与审计意见的检验

$$OP_{it} = \alpha_0 + \alpha_1 DA_{it} + \alpha_2 Big4_{it} + \alpha_3 Gove1_{it} + \alpha_4 Gove2_{it} + \alpha_5 JointAud_{it}$$
$$+ \alpha_6 OP_{i(t-1)} + \alpha_7 Roe_{it} + \alpha_8 Loss_{it} + \alpha_9 Lev_{it} + \alpha_{10} Size_{it} + Year +$$
$$Industry + \varepsilon_{it} \qquad\qquad (7-2)$$

根据假设 7-1（b），集团内公司发生财务重述，关联公司管理层因受到"警示"而在下一年度减少盈余管理，同时关联公司聘请的审计师基于规避风险出具审计意见时也应更为谨慎。所以，关联公司在重述公司重述公告后一年的审计质量应高于重述公告年。本书用 Logistic 回归本模型比较关联公司在重述公司重述公告年和公告后一年审计意见对公司盈余管理的体现程度。

以上模型本书根据以往研究控制了上一年度审计意见（$OP_{(t-1)}$）、重述公司重述公告年的审计事务所规模（$Big4_{it}$）、重述集团控制人性质（Gov_{it}）、集团内重述公司与关联公司的审计方式（$JointAud_{it}$）、净资产收益率（Roe_{it}）、公司是否亏（$Loss_{it}$）、资产负债率（Lev_{it}）、公司规模（$Size_{it}$）、行业（$Industry$）和年度（$Year$）。

三　数据来源及样本选取

本书以 2003—2014 年 A 股主板上市的重述集团公司为样本，研究财务重述在集团内的负传染效应。公司数据全部来自 CSMAR 数据库，研究中剔除了银行、保险等金融公司和变量缺失的公司，最终得到集团内重述公司 436 家，集团公司 434 家，重述集团内相关公司重述公告年 1892 家，重述公告后一年 1472 家。为了消除异常值的影响，对除了哑变量之外的其他所有连续变量都进行了上下 1% 的 Winsorize 处理。

第三节　实证结果与分析

一　样本描述性统计

表 7－2 中 Panel A 为重述关联公司在集团内重述公司发布重述公告年主要变量的描述性统计，Panel B 为重述关联公司在集团内重述公司发布重述公告后一年主要变量的描述性统计。从表中可以看出重述关联公司在重述公司发布重述公告年的审计意见均值为 0.939，而重述公告后一年审计意见的均值为 0.948，表明重述公告年 93.9% 的关联公司获得"清洁"审计意见，重述公告后一年 94.8% 的关联公司获得"清洁"审计意见，审计意见清洁率上升 0.9%；关联公司在重述公告后一年 34.9% 的公司变更了审计师，37.2% 变更了事务所，27.9% 沿用上一年度审计师；关联公司重述公告年盈余管理幅度 DA 均值 0.496、中位数 0.392 均大于重述公告后一年 DA 的均值 0.476 和中位数 0.390，表明重述公告年关联公司的盈余管理程度高于重述公告后一年。公司其他特征变量均基本呈正态分布。

表 7－2　　　　　重述关联公司样本描述性统计

变量	观测值	均值	标准差	最小值	25%	中位数	75%	最大值
Panel A：重述公告年主要变量描述性统计								
OP_{it}	1892	0.939	0.240	0	1	1	1	1
DA_{it}	1892	0.496	0.551	0.001	0.183	0.392	0.646	4.392
Big_{4it}	1892	0.100	0.301	0	0	0	0	1
Gov_{1it}	1892	0.329	0.470	0	0	0	0	1
Gov_{2it}	1892	0.604	0.489	0	0	1	1	1
$OP_{i(t-1)}$	1892	0.934	0.248	0	1	1	1	1

续表

变量	观测值	均值	标准差	最小值	25%	中位数	75%	最大值
Panel A：重述公告年主要变量描述性统计								
$JointAud_{it}$	1892	0.233	0.423	0	0	0	0	1
$Size_{it}$	1892	22.022	1.401	15.376	21.072	21.848	22.818	26.978
$Loss_{it}$	1892	0.121	0.326	0	0	0	0	1
Lev_{it}	1892	0.525	0.212	0.036	0.376	0.529	0.667	1.236
Roe_{it}	1892	0.065	0.266	-1.781	0.025	0.071	0.127	1.952
Panel B：重述公告后一年主要变量描述性统计								
OP_{it}	1472	0.948	0.223	0	1	1	1	1
SW_{it}	1472	0.349	0.477	0	0	0	1	1
SA_{it}	1472	0.372	0.483	0	0	0	1	1
ΔFee_{it}	1472	0.102	0.338	-0.864	0	0	0.100	3.000
DA_{it}	1472	0.476	0.497	0.001	0.190	0.390	0.629	3.953
$Big4_{it}$	1472	0.074	0.262	0	0	0	0	1
Gov_{1it}	1472	0.321	0.467	0	0	0	1	1
Gov_{2it}	1472	0.609	0.488	0	0	1	1	1
$OP_{i(t-1)}$	1472	0.945	0.228	0	1	1	1	1
$JointAud_{it}$	1472	0.252	0.434	0	0	0	1	1
$Size_{it}$	1472	22.133	1.335	15.468	21.269	22.002	22.948	28.247
$Loss_{it}$	1472	0.102	0.303	0	0	0	0	1
Lev_{it}	1472	0.515	0.209	0.034	0.363	0.514	0.660	1.500
Roe_{it}	1472	0.065	0.214	-1.696	0.028	0.072	0.126	1.156

二　单变量检验

（一）审计意见清洁率

表7-3列示的是重述关联公司在集团内重述公司重述公告年和公告后一年变更审计师、变更事务所和提高现任审计师审计费用对审计意见的改善状况。经检验，重述公告后一年关联公司变更审计师后审计意见"清洁率"比重述公告年变更审计师的审计意见"清洁率"下降1.57%，在10%水平下显著，变更审计事务所和增加审计费用后的审计意见"清洁率"比重述公告年对应的审计意见

"清洁率"都略有增加但均不显著，因此本书从表7-3的检验结果中没有发现关联公司在重述公告后一年通过变更审计师、变更事务所或者提高现任审计师审计费用可以显著改善审计意见的证据。

表7-3　　重述关联公司重述公告年和公告后一年审计意见清洁率差异检验

变量	审计意见清洁率		
	SW_{it}	SA_{it}	$\Delta Fee_{it} > 0$
重述公告年	95.88%	92.03%	95.15%
公告后一年	94.31%	92.86%	97.14%
Test diffenence	-1.57%*	0.82%	1.99%
	(-1.68)	(-0.521)	(-0.771)

注：*、**、*** 分别表示在10%、5%和1%的显著水平下显著。

（二）盈余管理

表7-4列示了重述集团内重述公司重述公告年和公告后一年关联公司盈余管理的差异。从表中可以看到：关联公司全样本中重述公告后一年的盈余管理均值和中位数均小于重述公告年，均值在10%水平下显著。重述公告年和公告后一年获得"清洁"审计意见的关联公司盈余管理的差异检验中，公告后一年的均值和中位数都在10%水平下显著小于重述公告年。表明集团内公司重述对其关联公司起到显著"警示"作用，关联公司下一年度盈余管理明显下降，尤其是获得"清洁"审计意见的公司其下降更为显著。

表7-4　　重述关联公司重述公告年和公告后一年盈余管理幅度差异检验

变量	全样本		"清洁"意见样本	
	均值	中位数	均值	中位数
重述公告年	0.496	0.392	0.499	0.391
公告后一年	0.476	0.390	0.471	0.383

续表

变量	全样本		"清洁"意见样本	
	均值	中位数	均值	中位数
Test diffence	-0.020*	-0.002	-0.028*	-0.008*
	(1.712)	(0.894)	(1.790)	(1.692)

注：*、**、***分别表示在10%、5%和1%的显著水平下显著。

三　实证结果

（一）

表7-5列示了关联公司重述公告后一年变更审计师、变更事务所或增加现任审计师审计费用与审计意见的回归结果。从表中没有发现关联公司在重述公告后一年通过变更审计师、变更事务所或者提高现任审计师审计费用对审计意见有显著改善，因此，本书没有找到支持假设7-1（a）的证据。

表7-5　关联公司重述公告后一年 SW_{it}、SA_{it} 和 ΔFee_{it} 与 OP_{it}

变量	coeff（z）	变量	coeff（z）
SW_{it}	-0.259	$JointAud_{it}$	-0.131
	(-1.283)		(-0.784)
SA_{it}	-0.063	Roe_{it}	0.434*
	(-0.306)		(1.882)
ΔFee_{it}	0.139	$Loss_{it}$	-0.488**
	(0.455)		(-2.385)
$OP_{i(t-1)}$	2.189***	Lev_{it}	-1.169***
	(11.725)		(-3.173)
$Big4_{it}$	0.260	$Size_{it}$	0.125**
	(0.595)		(2.056)
$Gove1_{it}$	-0.340	$Intercept$	-1.681
	(-1.089)		(-1.332)

续表

变量	coeff（z）	变量	coeff（z）
$Gove2_{it}$	-0.300	Industry	Yes
	（-1.001）	Year	Yes
观测值	1472		
R^2	0.470		

注：*、**、***分别表示在10%、5%和1%的显著水平下显著。

（二）

表7-6分别列示了集团内公司重述公告年和公告后一年其关联公司的审计意见与公司盈余管理幅度的回归结果。本书控制了关联公司和集团的固有特征后经检验发现重述公告年关联公司盈余管理幅度与审计意见类型不存在显著相关性，而重述公告一年则在10%下显著负相关。表明关联公司在重述公告后一年的审计意见比重述公告年的审计意见更能反映公司盈余管理程度，即审计质量更高。该检验结果正好支持假设7-1（b）。

表7-6　　重述公告年和公告后一年关联公司 OP_{it} 与 DA_{it}

变量	重述公告年 coeff（z）	重述公告后一年 coeff（z）
DA_{it}	0.160 （1.414）	-0.186* （-1.752）
$Big4_{it}$	0.026 （0.091）	0.220 （0.514）
$Gove1_{it}$	0.483** （2.267）	-0.332 （-1.065）
$Gove2_{it}$	0.220 （1.111）	-0.302 （-1.008）

续表

变量	重述公告年	重述公告后一年
	coeff	coeff
	(z)	(z)
$JointAud_{it}$	-0.068	-0.154
	(-0.462)	(-0.924)
$OP_{i(t-1)}$	1.882 ***	2.141 ***
	(12.572)	(11.690)
Roe_{it}	0.075	0.455 **
	(0.554)	(2.002)
$Loss_{it}$	-0.898 ***	-0.522 **
	(-6.195)	(-2.569)
Lev_{it}	-1.555 ***	-1.146 ***
	(-5.271)	(-3.140)
$Size_{it}$	0.179 ***	0.127 **
	(3.335)	(2.093)
$Intercept$	-3.045 ***	-1.027
	(-2.731)	(-1.372)
$Industry$	Yes	
$Year$	Yes	
观测值	1892	1472
R^2	0.456	0.471

注：*、**、*** 分别表示在 10%、5% 和 1% 的显著水平下显著。

四　进一步检验

本书在模型（7-2）中加入交乘项 $DA_{it} * Gove1_{it}$、$DA_{it} * Gove2_{it}$、$DA_{it} * JointAud_{it}$ 进一步检验集团公司固有特性对重述关联公司公告后一年审计质量的影响。实证结果如下：

表 7-7 列示了集团控制人性质、审计方式对关联公司重述公告后一年审计意见与公司盈余管理幅度相关性的影响。本书可以看到表中 $DA_{it} * Gove1_{it}$ 的系数 -0.736 在 1% 水平下显著，中央政府控

表7－7 　　　　　集团控制人性质、审计方式对关联公司重述
公告后一年审计质量的影响

变量	$Gove1_{it}$ coeff (z)	$Gove2_{it}$ coeff (z)	$JointAud_{it}$ coeff (z)
DA_{it}	0.289 (1.305)	−0.452 *** (−3.328)	−0.214 * (−1.816)
$Gove1_{it}$	0.059 (0.173)	−0.310 (−0.971)	−0.339 (−1.077)
$DA_{it} * Gove1_{it}$	−0.736 *** (−2.805)	— —	— —
$Gove2_{it}$	−0.326 (−1.088)	−0.748 ** (−2.224)	−0.321 (−1.060)
$DA_{it} * Gove2_{it}$	— —	0.867 *** (3.055)	— —
$JointAud_{it}$	−0.161 (−0.947)	−0.166 (−0.977)	−0.478 * (−1.845)
$DA_{it} * JointAud_{it}$	— —	— —	−0.752 * (−1.855)
$Big4_{it}$	0.229 (0.528)	0.247 (0.568)	0.222 (0.515)
$OP_{i(t-1)}$	2.196 *** (11.761)	2.214 *** (11.764)	2.141 *** (11.676)
Roe_{it}	0.459 ** (2.012)	0.488 ** (2.132)	0.470 ** (2.065)
$Loss_{it}$	−0.531 ** (−2.576)	−0.546 *** (−2.642)	−0.545 *** (−2.675)
Lev_{it}	−1.181 *** (−3.200)	−1.133 *** (−3.064)	−1.127 *** (−3.077)
$Size_{it}$	0.135 ** (2.209)	0.125 ** (2.044)	0.131 ** (2.177)
Intercept	−0.109 (−1.655)	−0.557 (−1.224)	−0.776 (−1.416)

续表

变量	$Gove1_{it}$	$Gove2_{it}$	$JointAud_{it}$
	coeff	coeff	coeff
	(z)	(z)	(z)
Industry	Yes		
Year	Yes		
观测值	1472		
R^2	0.49	0.484	0.488

注：*、**、***分别表示在10%、5%和1%的显著水平下显著。

制人性质显著降低集团内公司盈余管理与审计"清洁"意见的正相关，换句话说，就是中央政府控制人性质可以增强公司重述对关联公司审计质量的积极作用，$DA_{it} * Gove2_{it}$ 的系数 0.867 在 1% 下显著，表明地方政府控制人性质显著增强集团内公司重述对关联公司审计质量的积极作用，截距项均不显著，说明非政府控制集团对集团内公司重述对关联公司审计质量的积极作用无显著影响。$DA_{it} * JointAud_{it}$ 系数 −0.752 在 10% 水平下显著，表明集团采用联合审计方式显著降低集团内公司重述对关联公司审计质量的积极影响。

五 内生性控制

本书采用 2SLS 控制集团内关联公司特征对盈余管理的影响，参考王亚平等（2005）后本书将关联公司重述公告后一年是否亏损（$Loss_{it}$）、是否发行新股（IPO_{it}）、总资产收益率（Roa_{it}）、资产负债率（Lev_{it}）、年度（$Year$）和行业（$Industry$）六个变量作为外生变量回归出 DA_{it} 的估计值作为工具变量，代入模型（7 - 2）再次回归，主要结果如下：

表7-8　重述公告年和公告后一年关联公司 OP_{it} 与 DA_{it} 2SLS 回归结果

变量	重述公告年 coeff (t)	重述公告后一年 coeff (t)
DA_{it}	0.002 (0.967)	-0.016* (-1.695)
$Big4_{it}$	-0.024 (-1.445)	-0.025 (-1.365)
$Gove1_{it}$	0.046** (2.482)	-0.023 (-1.107)
$Gove2_{it}$	0.028 (1.570)	-0.016 (-0.788)
$JointAud_{it}$	-0.005 (-0.513)	-0.014 (-1.225)
$OP_{i(t-1)}$	0.457*** (23.892)	0.598*** (29.116)
Roe_{it}	-0.007** (-2.360)	-0.005 (-1.402)
$Loss_{it}$	-0.138*** (-9.691)	-0.149*** (-9.248)
Lev_{it}	-0.140*** (-8.075)	-0.062*** (-4.611)
$Size_{it}$	0.018*** (4.945)	0.017*** (4.501)
Intercept	0.178** (2.293)	0.068 (0.828)
Industry	Yes	
Year	Yes	
观测值	1892	1472
R^2	0.38	0.49

注：*、**、*** 分别表示在10%、5%和1%的显著水平下显著。

从表7-8看到控制内生性后重述公告年关联公司盈余管

理幅度与审计意见类型不存在显著相关性，而重述公告一年
则在 10% 下显著负相关。表明，关联公司在重述公告后一年
的审计质量高于重述公告年，该实证结果也佐证了本书的
结论。

六　稳健性检验

本书用 Dechow et al. （1995） 修正 Jones 模型估计的可操控应
计利润重新度量关联公司重述公告后一年的盈余管理幅度，经再次
Logistic 回归后实证结果见表 7 - 9，与本书结论一致。

表 7 - 9　　　　重述公告年和公告后一年关联公司 OP_{it} 与 DA_{it}

变量	重述公告年	重述公告后一年
	coeff	coeff
	（z）	（z）
DA_{it}	0.028	- 0.160 *
	(0.304)	(- 1.809)
$Big4_{it}$	- 0.039	- 0.055
	(- 0.140)	(- 0.145)
$Gove1_{it}$	0.510 **	- 0.314
	(2.387)	(- 1.086)
$Gove2_{it}$	0.247	- 0.228
	(1.254)	(- 0.809)
$JointAud_{it}$	- 0.062	- 0.210
	(- 0.417)	(- 1.244)
$OP_{i(t-1)}$	1.853 ***	2.262 ***
	(12.474)	(12.497)
Roe_{it}	- 0.016	- 0.005
	(- 0.782)	(- 0.158)
$Loss_{it}$	- 0.931 ***	- 0.957 ***
	(- 6.574)	(- 5.586)

续表

变量	重述公告年	重述公告后一年
	coeff	coeff
	（z）	（z）
Lev_{it}	− 1.495 ***	− 1.314 ***
	（− 5.139）	（− 3.958）
$Size_{it}$	0.184 ***	0.248 ***
	（3.464）	（3.987）
Intercept	− 1.114 *	− 0.405
	（− 1.796）	（− 1.391）
Industry	Yes	
Year	Yes	
观测值	1892	1472
R^2	0.459	0.540

注： * 、 ** 、 *** 分别表示在10% 、5% 和1% 的显著水平下显著。

第四节　本章小结

本章通过对重述集团内重述公司和关联公司重述公告年和公告后一年的研究发现：一、公司发生重述公告，对集团内关联公司产生"警示"作用，重述公司重述公告后一年关联公司管理层会降低公司盈余管理幅度，审计师为重述关联公司出具的审计意见更保守。二、重述关联公司重述公告后一年的审计质量高于重述公告年，集团内公司重述有助于提高关联公司的审计质量。三、政府控制的集团内公司重述对关联公司审计质量的积极作用较强，非政府控制集团无显著影响。四、公司采用独立审计方式，有助于增强集团内公司重述对关联公司审计质量的积极作用。

第 8 章

研究总结与政策建议

第一节 研究总结

本书以财务重述公司为样本，研究了财务重述公司在被重述年和重述公告后审计质量与财务重述之间的互动机制，同时还研究了财务重述在集团内部的经济后果溢出效应和审计质量溢出效应。本书选取我国 2001—2014 年 A 股主板上市的非金融类重述公司为样本，综合理论分析与实证检验结果，形成以下主要结论：

第一，对比财务重述公司被重述年和重述公告年的审计质量，实证检验财务重述公司被重述年是否存在审计意见购买交易。控制内生性后结果发现：一、我国重述公司在被重述年财务报表的瑕疵已然被审计师发现，但由于当年管理层的盈余管理幅度在一定范围内，并存在严重审计意见购买交易，因而没有被公告。本书还发现，重述公司在被重述年主要通过变更审计师和提高现任审计师审计费用来实现审计意见购买目的。二、基于声誉理论和诉讼成本理论，现有研究认为"事务所规模与审计质量正相关"；而我国审计市场属于高度竞争型，本书发现在我国审计市场中事务所规模与审计质量之间没有显著正相关。三、我国审计市场竞争激烈，审计费用是事务所规模和公司议价能力博弈的结果。面对议价能力强的重要客户，事务所为了挽留客户而不得不降低审计费用，但并不会为此而降低审计质量。但由于审计意见购买交易的存在，使得我国审计市场显示出"审计费用增加，审计质量下降"的现象。

第二，实证检验了财务重述公告后公司管理层与审计师是否存在审计意见购买交易，并分析了审计意见购买手段的特点和经济后果。控制内生性后发现：一、公司发生财务重述公告后，公司管理层为了挽回投资者信心，确实存在审计意见购买交易。二、随着我国审计制度的规范和监管制度的加强，这种审计意见购买交易的趋势趋于减弱。三、投资者对公司审计意见购买行为的信号具有敏感性，其中对变更审计师和变更事务所最为敏感，对增加现任审计师审计费用的敏感性较弱。四、公司财务重述公告后购买审计意见的方式，主要趋于提高现任审计师审计费用。这种较为隐蔽的方式确实可以使财务报表重述公司顺利逃过监管部门和投资者的眼睛，从而达到成功购买审计意见的目的。

第三，以集团公司为研究样本，分析了财务重述在集团内部的溢出效应，并实证检验了不同影响因素引起溢出效应大小的差异。控制内生性后结果发现：一、公司财务报表重述在集团内部具有负溢出效应。二、该溢出效应受重述公司重述特征、聘请的审计事务所规模、公司集团的控制人性质和审计方式的影响。具体而言，重述公告的严重滞后以及重述内容涉及盈余调整均会加强这种溢出效应；重述公司经"四大"审计、公司集团采用联合审计方式也会加强这种溢出效应；相对于非政府控制集团而言，重述在政府控制的集团内的溢出效应更强。

第四，对比了财务重述公司发布财务重述公告年和公告后一年集团内关联公司的审计质量，并检验了重述公司发布重述公告后一年集团内关联公司是否存在审计意见购买交易，以及审计质量的影响因素和经济后果。控制内生性后结果发现：一、公司发生重述公告对集团内关联公司产生威慑作用，重述公司重述公告后一年关联公司管理层会降低公司盈余管理幅度；审计师为重述关联公司出具的审计意见更保守。二、重述关联公司重述公告后一年的审计质量高于重述公告年，集团内公司重述有助于提高关联公司的审计质量。三、政府控制的集团内公司重述对关联公司审计质量的积极作用较强，非政府控制集团无显著影响。四、公司采用独立审计方式，有助于增强集团内公司重述对关联公司审计质量的积极作用。

第二节　政策建议

根据本书研究结论，结合我国竞争型审计市场实际，以及审计制度和财务重述制度正趋于逐步完善的制度环境，本书提出以下政策建议：

第一，本书从理论和实证视角证实了财务重述公司在被重述年审计质量较低，公司管理层存在一定盈余管理，并与审计师合谋而出具低质量财务报告，这是导致后期公司财务重述的主要原因。2002—2006 年，我国 A 股主板市场非金融公司财务重述率最高达到 32.56%。虽然 2011 年 1 月 1 日正式施行《中华人民共和国国家审计准则》后，公司财务报告重述现象趋于减弱，但笔者发现，自 2013 年以来，我国 A 股主板市场非金融公司财务重述现象又有上升趋势。该表明政府作为审计制度的制定者和实施者，在不断完善审计制度的同时，还应关注我国审计市场现状。我国审计市场竞争激烈，基于声誉理论和诉讼成本理论，扩大事务所规模可以提高审计质量，而本书的研究却发现，我国 A 股主板上市非金融公司的审计质量与事务所规模之间没有显著正相关。说明为了在激烈的竞争中生存，"大所"尚不能坚守职业道德和审计准则，"小所"的生存环境之恶劣更是不言而喻。通过研究笔者还发现，议价能力强的公司审计费用往往较低，但审计质量没有降低，而存在审计意见购买交易的公司审计费用则一般偏高。由此可见，事务所和审计师在审计委托机制中实则处于弱势，通过降低审计质量而获取更多审计费用，除了补偿风险外，还需要填补"大客户的亏空"。因此除了审计制度监管不力外，恶劣的审计执业环境也是审计质量受限的主要原因。虽然我国审计市场呈现出优化集中的趋势，但集中度偏低，审计市场竞争仍然很激烈。因此，政府应继续大力推进事务所规模化进程，通过降低并购成本、简化并购程序，减少审计市场的恶性竞争，提高整体审计质量。

第二，本书研究发现，公司财务重述后，管理层为了挽回经济后果，往往与审计师合谋降低公司审计质量。随着我国审计制度的不断规范和监管政策的不断完善，公司管理层与审计师合谋的趋势趋于减弱，手段也越来越隐蔽。就目前而言，这些隐蔽的合谋手段确实取得了较高的市场回报。我国现阶段的审计政策模式属于厉而不严，虚假审计意见被查出的概率很低，尽管一旦查出，审计师将受到严厉的惩罚。厉而不严的审计政策模式，不仅无法全面杜绝虚假审计意见，而且还会使审计行业同情那些受惩罚的审计师。他们会认为，那些被查出的审计师属于"运气差"，而"运气好"的审计师也进行了审计意见购买交易，出具了虚假审计意见，并获得了丰厚收益，只是没有被查到。由于虚假审计意见被查出的风险和获得的收益不对等，部分审计师抱着侥幸心理，采用较为隐蔽手段，只求不被查到，而不是拒绝审计意见购买交易。因此，现阶段厉而不严的审计政策模式，导致了监管的不公平和无效，不能全面杜绝审计意见购买交易，提高审计质量。因此，会计师事务所之间应建立相互监督机制，制定加强虚假审计意见查处政策，增加虚假审计意见被查出风险，使审计意见购买交易无处藏身。

第三，本书研究发现，提高审计费用是现阶段审计意见购买中最为隐蔽且最为常用的手段。我国审计收费实行政府定价模式，但并未形成统一的标准，主要由事务所和被审计公司双方协商确定。事务所与被审计公司管理层通过审计费用而形成雇佣与被雇佣关系，这种关系使会计师事务所在经济上受控于被审计公司管理层。事务所为了不失去客户，在风险得到补偿的情况下，就有动机违背职业道德出具不实审计意见。由于我国审计收费没有公开透明的统一标准，政府监管部门也无法认定哪些审计费用属于合理支出，哪些是对审计师的贿赂。因此，我国政府应详细制定审计收费细则，规范审计收费标准，统一审计收费限额。公司对于审计费用超过限额部分应给出合理解释。同时，还需要制定审计收费披露政策，将审计费用使用细节披露上升为公司的法定义务，以方便社会公众对审计收费的监督，从而减少公司管理层利用审计费用进行其他不正当行为。

第四，本书以集团公司为样本研究发现，集团内公司发布财务重述公告后，集团内其他公司的股价出现大幅波动，超市场回报显著下降，而审计质量则有所提高。这说明，集团内公司财务重述对其他公司起到"警示"作用。因此，针对上市公司频繁发布财务重述公告行为，政府应出台相应的惩罚措施，明确责任归属，提高财务重述的法律成本。虽然2002年我国最高人民法院出台了《关于受理证券市场因虚假陈述行为引发的民事权利纠纷案件有关问题的通知》，2003年出台了《关于受理证券市场因虚假陈述行为引发的民事赔偿案件的若干规定》，但受理此类案件的范围仍受证监会、财政部以及其他行政机构的限制，出台的法律都没有对财务重述发生后的法律责任作出明确的规定，而且这些法律由于条文简略概括而不具有操作性，使司法程序难以启动，无法对公司披露的信息质量起到应有的监督作用。

第三节　研究展望

本书可能存在的不足之处以及未来继续探索的方向主要表现为：

第一，虽然本书基于 Mark DeFond，Jieying Zhang（2014）文章回顾中提到的目前关于审计质量的计量指标，逐一对审计质量进行了计量，如财务报表重述、审计意见、审计费用和事务所规模、可操控应计盈余等，但这些指标均属于对审计质量的间接计量，本书没有给出对审计质量直接的测度方法。而准确找到审计质量的直接计量指标，对该领域的研究具有更为重要的意义。

第二，本书未对财务重述的内容加以区分，如重述内容有可能是出于盈余管理目的的蓄意行为，也可能仅仅是对会计准则的理解偏差。在后续研究中，将继续对其进行深入分类分析和研究。

第三，公司发布财务重述公告除被重述年审计质量较低外，可能还存在其他原因，限于文章篇幅，本书较少讨论其他可能的机理。

第四，虽然本书控制了所能考虑到的所有有关变量，但这可能依然无法从根本上解决本书面临的噪声影响。

虽然以上不足对本书的研究结论没有实质性影响，但这将是本书未来继续探索的动力。

主要参考文献

［1］ Abarbanel J S, Bushee B J. 1998. Abnormal returns to a fundamental analysis strategy ［J］. Accounting Review: 19 – 45.

［2］ Abbott L J, Parker S, Peters G F. 2004. Audit committee characteristics and restatements ［J］. Auditing: A Journal of Practice & Theory, 23 （1）: 69 – 87.

［3］ Aboody D, Barth M E, Kasznik R. 1999. Revaluations of fixed assets and future firm performance: Evidence from the UK ［J］. Journal of Accounting and Economics, 26 （1）: 149 – 178.

［4］ Agrawal A, Chadha S. 2005. Corporate governance and accounting scandals ［J］. Journal of law and economics, 48 （2）: 371 – 406.

［5］ Agrawal A, Cooper T. 2007. Corporate governance and accounting scandals Evidence From Top Management, CFO and Auditor Turnover ［R］. SSRN Working Paper Series.

［6］ Akhigbe A, Madura J. 2008. Industry signals relayed by corporate earnings restatements ［J］. Financial Review, 43 （4）: 569 – 589.

［7］ Alchian A A, Demsetz H. 1973. The property right paradigm ［J］. The journal of economic history, 33 （01）: 16 – 27.

［8］ Almer E D, Gramling A A, Kaplan S E. 2008. Impact of post-restatement actions taken by a firm on non-professional investors'

credibility perceptions [J]. Journal of Business Ethics, 80 (1):
61 – 76.

[9] Archambeault D S, Dezoort F T, Hermanson D R. 2008. Audit
Committee Incentive Compensation and Accounting Restatements
[J]. Contemporary Accounting Research, 25 (4): 965 – 992.

[10] Arrow K J. 1985. Informational structure of the firm [J]. The A-
merican Economic Review, 75 (2): 303 – 307.

[11] Ashbaugh H, Lafond R, Mayhew B W. 2003. Do nonaudit serv-
ices compromise auditor independence? Further evidence [J]. The
Accounting Review, 78 (3): 611 – 639.

[12] Ashby M, Coulter P, Ball N, et al. 2009 The CES EduPack Eco
Audit Tool—A White Paper. Granta Design, Cambridge, UK.

[13] Asthana S C, Boone J P. 2012. Abnormal audit fee and audit qual-
ity [J]. Auditing: A Journal of Practice & Theory, 31 (3):
1 – 22.

[14] Ball R, Shivakumar L. 2006. The role of accruals in asymmetrical-
ly timely gain and loss recognition [J]. Journal of accounting re-
search, 44 (2): 207 – 242.

[15] Balsam S, Krishnan J, Yang J S. 2003. Auditor industry speciali-
zation and earnings quality [J]. Auditing: A Journal of Practice
& Theory, 22 (2): 71 – 97.

[16] Bannister J W, Wiest D N. 2001. Earnings management and audi-
tor conservatism: Effects of SEC enforcement actions [J]. Manag-
erial Finance, 27 (12): 57 – 71.

[17] Basu S. 1997. The conservatism principle and the asymmetric time-
liness of earnings [J]. Journal of accounting and economics, 24
(1): 3 – 37.

［18］ Beatty R P. 1989. Auditor reputation and the pricing of initial public offerings ［J］. Accounting Review, 64 (4): 693 – 709.

［19］ Beneish M D. 1997. Detecting GAAP violation: Implications for assessing earnings management among firms with extreme financial performance ［J］. Journal of accounting and public policy, 16 (3): 271 – 309.

［20］ Beneish M D. 1999. The detection of earnings manipulation ［J］. Financial Analysts Journal, 55 (5): 24 – 36.

［21］ Berle A, Means G. 1932. The modern corporate and private property ［R］. SSRN Working Paper Series.

［22］ Bhattacharya S. 1979. Imperfect information, dividend policy, and the bird in the hand fallacy ［J］. Bell journal of economics, 10 (1): 259 – 270.

［23］ Blankley A I, Hurtt D N, Macgregor J E. 2012. Abnormal audit fees and restatements ［J］. Auditing: A Journal of Practice & Theory, 31 (1): 79 – 96.

［24］ Bowen R M, Johnson M F, Shevlin T, et al. 1992. Determinants of the timing of quarterly earnings announcements ［J］. Journal of Accounting, Auditing & Finance, 7 (4): 395 – 422.

［25］ Brealey R, Leland H E, Pyle D H. 1977. Informational asymmetries, financial structure, and financial intermediation ［J］. The journal of Finance, 32 (2): 371 – 387.

［26］ Broadbent A M, Hruby G, Tin M M, et al. 2004. Survival following whole brain radiation treatment for cerebral metastases: an audit of 474 patients ［J］. Radiotherapy and Oncology, 71 (3): 259 – 265.

［27］ Burgstahler D, Eames M. 2006. Management of earnings and analysts' forecasts to achieve zero and small positive earnings surprises [J]. Journal of Business Finance & Accounting, 33 (5 – 6): 633 – 652.

[28] Burks J J. 2010. Disciplinary measures in response to restatements after Sarbanes-Oxley [J]. Journal of Accounting and Public Policy, 29 (3): 195 – 225.

[29] Burks J J. 2011. Are investors confused by restatements after Sarbanes-Oxley? [J]. The Accounting Review, 86 (2): 507 – 539.

[30] Burns N, Kedia S, Lipson M L. 2006. The Effects of Institutional Ownership and Monitoring: Evidence from Financial Restatements [R]. SSRN Working Paper Series.

[31] Callen J L, Livnat J, Segal D. 2006. Accounting Restatements: Are They Always Bad News for Investors? (Digest Summary) [J]. Journal of Investing, 15 (3): 57 – 68.

[32] Callen J L, Robb S W, Segal D. 2008. Revenue manipulation and restatements by loss firms [J]. Auditing: A Journal of Practice & Theory, 27 (2): 1 – 29.

[33] Casterella J R, Francis J R, Lewis B L, et al. 2004. Auditor industry specialization, client bargaining power, and audit pricing [J]. Auditing: A Journal of Practice & Theory, 23 (1): 123 – 140.

[34] Chakrabarty B, Duellman S, Hyman M. 2015. Client Retention or Reputation? An Analysis of Audit Fees and Financial Statement Fraud [R]. SSRN Working Paper Series.

[35] Chambers A E, Penman S H. 1984. Timeliness of reporting and the stock price reaction to earnings announcements [J]. Journal of accounting research, 22 (1): 21 – 47.

[36] Chang X, Gygax A F, Oon E, et al. 2008. Audit quality, auditor compensation and initial public offering underpricing [J]. Accounting & Finance, 48 (3): 391 –416.

[37] Chen H, Chen J Z, Lobo G J, et al. 2011. Effects of Audit Quality on Earnings Management and Cost of Equity Capital: Evidence from China [J]. Contemporary Accounting Research, 28 (3): 892 –925.

[38] Chin C L, Chi H Y. 2009. Reducing Restatements with Increased Industry Expertise [J]. Contemporary Accounting Research, 26 (3): 729 –765.

[39] Chiu P-C, Teoh S H, Tian F. 2012. Board interlocks and earnings management contagion [J]. The Accounting Review, 88 (3): 915 –944.

[40] Cho I-K, Kreps D M. 1987. Signaling games and stable equilibria [J]. The Quarterly Journal of Economics, 102 (2): 179 –179.

[41] Choi J-H, Kim J-B, Zang Y. 2010. Do abnormally high audit fees impair audit quality? [J]. Auditing: A Journal of Practice & Theory, 29 (2): 115 –140.

[42] Chow C W, Rice S J. 1982. Qualified audit opinions and auditor switching [J]. Accounting Review, 57 (2): 326 –335.

[43] Coate C J, Loeb M P. 1997. Audit pricing, auditor changes, and the winner's curse [J]. The British Accounting Review, 29 (4): 315 –334.

[44] Connolly R A, Hirschey M. 2005. Firm size and the effect of R&D on Tobin's q [J]. R&d Management, 35 (2): 217 –223.

[45] Craswell A, Stokes D J, Laughton J. 2002. Auditor independence

and fee dependence [J]. Journal of Accounting and Economics, 33 (2): 253 –275.

[46] Cushing K K, Wise P L, Hawes-Davis J. 1999. Evaluating the implementation of cleaner production audit demonstration projects [J]. Environmental Impact Assessment Review, 19 (5): 569 –586.

[47] Davidson Iii W N, Jiraporn P, Dadalt P. 2006. Causes and conse-quences of audit shopping: ananalysis of auditor opinions, earn-ings management, and auditor changes [J]. Quarterly Journal of Business and Economics, 45 (1 –2): 69 –87.

[48] Davidson R A, Neu D. 1993. A Note on the Association between Audit Firm Size and Audit Quality [J]. Contemporary Accounting Research, 9 (2): 479 –488.

[49] De Fuentes Barbera C, Illueca Muñoz M, Pucheta Martinez M C. 2010. Disciplinary Sanctions and Audit Quality: Empirical Evi-dence from an External Oversight System [R]. SSRN Working Paper Series.

[50] Deangelo L E. 1981. Auditor independence, "low balling", and disclosure regulation [J]. Journal of accounting and Economics, 3 (2): 113 –127.

[51] Dechow P M, Dichev I D. 2002. The quality of accruals and earn-ings: The role of accrual estimation errors [J]. The accounting review, 77 (1): 35 –59.

[52] Dechow P M, Ge W, Larson C R, et al. 2007. Predicting materi-al accounting manipulations [R]. SSRN Working Paper Series.

[53] Dechow P M, Hutton A P, Sloan R G. 1996. Economic conse-quences of accounting for stock-based compensation [J]. Journal

of Accounting Research, 34: 1 – 20.

[54] Dechow P M, Richardson S A, Tuna I. 2003. Why are earnings kinky? An examination of the earnings management explanation [J]. Review of accounting studies, 8 (2 – 3): 355 – 384.

[55] Dechow P M, Skinner D J. 2000. Earnings management: Reconciling the views of accounting academics, practitioners, and regulators [J]. Accounting Horizons, 14 (2): 235 – 250.

[56] Dechow P M, Sloan R G, Sweeney A P. 1995. Detecting earnings management [J]. Accounting review, 70 (2): 193 – 225.

[57] Defond M, Zhang J. 2014. A review of archival auditing research [J]. Journal of Accounting and Economics, 58 (2 – 3): 275 – 326.

[58] Defond M L. 2010. How should the auditors be audited? Comparing the PCAOB inspections with the AICPA peer reviews [J]. Journal of Accounting and Economics, 49 (1): 104 – 108.

[59] Defond M L, Jiambalvo J. 1991. Incidence and circumstances of accounting errors [J]. Accounting review, 66 (3): 643 – 655.

[60] Defond M L, Raghunandan K, Subramanyam K. 2002. Do non-audit service fees impair auditor independence? Evidence from going concern audit opinions [J]. Journal of accounting research, 40 (4): 1247 – 1274.

[61] Deis Jr D R, Giroux G A. 1992. Determinants of audit quality in the public sector [J]. Accounting Review, 67 (3): 462 – 479.

[62] Desai H, Hogan C E, Wilkins M S. 2006. The reputational penalty for aggressive accounting: Earnings restatements and management turnover [J]. The Accounting Review, 81 (1): 83 – 112.

[63] Dyck I, Morse A, Zingales L. 2013. How pervasive is corporate fraud? [R]. Rotman School of Management Working Paper.

[64] Dye R A. 1991. Informationally motivated auditor replacement [J]. Journal of Accounting and Economics, 14 (4): 347 – 374.

[65] Fafatas S A. 2010. Auditor conservatism following audit failures [J]. Managerial Auditing Journal, 25 (7): 639 – 658.

[66] Fama E F, French K R. 1993. Common risk factors in the returns on stocks and bonds [J]. Journal of financial economics, 33 (1): 3 – 56.

[67] Francis J R. 1984. The effect of audit firm size on audit prices: A study of the Australian market [J]. Journal of accounting and economics, 6 (2): 133 – 151.

[68] Francis J R, Khurana I K, Pereira R. 2001. Investor protection laws, Accounting and auditing around the world [R]. SSRN Working Paper Series.

[69] Francis J R, Krishnan J. 1999. Accounting Accruals and Auditor Reporting Conservatism [J]. Contemporary Accounting Research, 16 (1): 135 – 165.

[70] Francis J R, Maydew E L, Sparks H C. 1999. The role of Big 6 auditors in the credible reporting of accruals [J]. Auditing: A Journal of Practice & Theory, 18 (2): 17 – 34.

[71] Francis J R, Michas P N, Yu M D. 2013. Office size of Big 4 auditors and client restatements [J]. Contemporary Accounting Research, 30 (4): 1626 – 1661.

[72] Francis J R, Wang D. 2008. The joint effect of investor protection and big 4 audits on earnings quality around the world [J]. Contemporary accounting research, 25 (1): 157 – 191.

[73] Ghosh A A, Kallapur S, Moon D. 2009. Audit and non-audit fees and capital market perceptions of auditor independence [J]. Jour-

nal of Accounting and Public Policy, 28 (5): 369 – 385.

[74] Gleason C A, Jenkins N T, Johnson W B. 2008. The contagion effects of accounting restatements [J]. The Accounting Review, 83 (1): 83 – 110.

[75] Gómez-Aguilar N, Ruiz-Barbadillo E. 2003. Do Spanish firms change auditor to avoid a qualified audit report? [J]. International Journal of Auditing, 7 (1): 37 – 53.

[76] Gonen I. 2003. Intra-industry effects of corrective disclosures: Is mistrust contagious [R]. New York University Working Paper.

[77] Graham J R, Li S, Qiu J. 2008. Corporate misreporting and bank loan contracting [J]. Journal of Financial Economics, 89 (1): 44 – 61.

[78] Griffin P A, Lont D H, Sun Y. 2010. Agency problems and audit fees: further tests of the free cash flow hypothesis [J]. Accounting & Finance, 50 (2): 321 – 350.

[79] Grossman S J, Hart O D. 1986. The costs and benefits of ownership: A theory of vertical and lateral integration [J]. The Journal of Political Economy, 94 (1): 691 – 719.

[80] Grout P A. 1984. Investment and wages in the absence of binding contracts: A Nash bargaining approach [J]. Econometrica: Journal of the Econometric Society, 52 (2): 449 – 460.

[81] Hackenbrack K E, Hogan C E. 2002. Market response to earnings surprises conditional on reasons for an auditor change [J]. Contemporary Accounting Research, 19 (2): 195 – 223.

[82] Harris M, Raviv A. 1979. Optimal incentive contracts with imperfect information [J]. Journal of economic theory, 20 (2): 231 – 259.

[83] Hart O, Moore J. 1988. Incomplete contracts and renegotiation

[J]. Econometrica: Journal of the Econometric Society, 56 (4): 755 – 785.

[84] Hart O, Moore J. 1990. Property Rights and the Nature of the Firm [J]. Journal of political economy, 98 (6): 1119 – 1158.

[85] Hay D C, Knechel W R, Wong N. 2006. Audit Fees: A Meta-analysis of the Effect of Supply and Demand Attributes [J]. Contemporary accounting research, 23 (1): 141 – 191.

[86] Hennes K M, Leone A J, Miller B P. 2008. The importance of distinguishing errors from irregularities in restatement research: The case of restatements and CEO/CFO turnover [J]. The Accounting Review, 83 (6): 1487 – 1519.

[87] Hogan C E, Jeter D C. 1999. Industry specialization by auditors [J]. Auditing: A Journal of Practice & Theory, 18 (1): 1 – 17.

[88] Hoitash R, Markelevich A, Barragato C A. 2007. Auditor fees and audit quality [J]. Managerial Auditing Journal, 22 (8): 761 – 786.

[89] Holmstrom B. 1982. Moral hazard in teams [J]. The Bell Journal of Economics, 13 (2): 324 – 340.

[90] Holmstrom B, Milgrom P. 1987. Aggregation and linearity in the provision of intertemporal incentives [J]. Econometrica: Journal of the Econometric Society, 55 (2): 303 – 328.

[91] Hribar P, Kravet T, Wilson R. 2014. A new measure of accounting quality [J]. Review of Accounting Studies, 19 (1): 506 – 538.

[92] Hribar P, Yang H. 2010. Does CEO overconfidence affect management forecasting and subsequent earnings management [R]. Unpublished working paper.

[93] Huang H-W, Liu L-L, Raghunandan K, et al. 2007. Auditor industry specialization, client bargaining power, and audit fees: Further evidence [J]. Auditing: A Journal of Practice & Theory, 26 (1): 147 –158.

[94] Hung Chan K, Wu D. 2011. Aggregate Quasi Rents and Auditor Independence: Evidence from Audit Firm Mergers in China [J]. Contemporary Accounting Research, 28 (1): 175 –213.

[95] Jensen M C, Meckling W H. 1976. Theory of the firm: Managerial behavior, agency costs and ownership structure [J]. Journal of financial economics, 3 (4): 305 –360.

[96] Jensen K L, Payne J L. 2003. Management trade-offs of internal control and external auditor expertise [J]. Auditing: A Journal of Practice & Theory, 22 (2): 99 –119.

[97] Jeter D C, Shaw P E. 1995. Solicitation and auditor reporting decisions [J]. Accounting Review, 70 (2): 293 –315.

[98] Jones J J. 1991. Earnings management during import relief investigations [J]. Journal of accounting research, 29 (2): 193 –228.

[99] Kedia B L, Lahiri S. 2007. International outsourcing of services: A partnership model [J]. Journal of International Management, 13 (1): 22 –37.

[100] Kedia S, Koh K, Rajgopal S. 2010. Evidence on contagion in corporate misconduct [C]. AFA 2011 Denver Meetings Paper.

[101] Khurana I K, Raman K. 2004. Litigation risk and the financial reporting credibility of Big 4 versus non-Big 4 audits: Evidence from Anglo-American countries [J]. The Accounting Review, 79 (2): 473 –495.

[102] Skinner D J. 1997. Earnings disclosures and stockholder lawsuits [J]. Journal of Accounting and Economics, 23 (3): 249 – 282.

[103] Kinney W, Burgstahler D, Martin R. 2002. Earnings surprise materiality as measured by stock returns [J]. Journal of Accounting Research, 40 (5): 1297 – 1329.

[104] Kinney, W. R. Jr and Libby, R. 2002. Discussion of the relation between auditors' fees for nonaudit services and earnings management [J]. The Accounting Review, (77): 107 – 140.

[105] Kinney W R, Palmrose Z V, Scholz S. 2004. Auditor Independence, Non-Audit Services, and Restatements: Was the US Government Right? [J]. Journal of Accounting Research, 42 (3): 561 – 588.

[106] Klein B, Crawford R G, Alchian A A. 1978. Vertical integration, appropriable rents, and the competitive contracting process [J]. The Journal of law & economics, 21 (2): 297 – 326.

[107] Knechel W, Sharma D, Sharma V. 2010. Non-audit services and audit efficiency: Evidence from New Zealand [R]. University of Florida and Kennesaw State University Working paper.

[108] Knechel W R, Krishnan G V, Pevzner M, et al. 2012. Audit quality: Insights from the academic literature [J]. Auditing: A Journal of Practice & Theory, 32 (1): 385 – 421.

[109] Knechel W R, Niemi L, Zerni M. 2013. Empirical evidence on the implicit determinants of compensation in Big 4 audit partnerships [J]. Journal of Accounting Research, 51 (2): 349 – 387.

[110] Knechel W R, Payne J L. 2001. Additional evidence on audit report lag [J]. Auditing: A Journal of Practice & Theory, 20 (1): 137 – 146.

[111] Knechel W R, Vanstraelen A. 2007. The relationship between auditor tenure and audit quality implied by going concern opinions [J]. AUDITING: A journal of practice & theory, 26 (1): 113 – 131.

[112] Kothari S P, Leone A J, Wasley C E. 2005. Performance matched discretionary accrual measures [J]. Journal of accounting and economics, 39 (1): 163 – 197.

[113] Krause R, Semadeni M. 2013. Apprentice, departure, and demotion: An examination of the three types of CEO-board chair separation [J]. Academy of Management Journal, 56 (3): 805 – 826.

[114] Krishnan J. 1994. Auditor switching and conservatism [J]. Accounting Review, 69 (1): 200 – 215.

[115] Krishnan J. 2005. Audit committee quality and internal control: An empirical analysis [J]. The accounting review, 80 (2): 649 – 675.

[116] Krishnan J, Krishnan J, Stephens R G. 1996. The simultaneous relation between auditor switching and audit opinion: An empirical analysis [J]. Accounting and Business research, 26 (3): 224 – 236.

[117] Krishnan J, Stephens R G. 1995. Evidence on opinion shopping from audit opinion conservatism [J]. Journal of Accounting and public Policy, 14 (3): 179 – 201.

[118] Lee K W, Lev B, Yeo G. 2007. Organizational structure and earnings management [J]. Journal of Accounting, Auditing & Finance, 22 (2): 293 – 331.

[119] Lennox C. 2000. Do companies successfully engage in opinion-shopping? Evidence from the UK [J]. Journal of Accounting

and Economics, 29 (3): 321 –337.

[120] Lennox C, Pittman J A. 2010. Big Five Audits and Accounting Fraud [J]. Contemporary Accounting Research, 27 (1): 209 –247.

[121] Lesmond D A, Schill M J, Zhou C. 2004. The illusory nature of momentum profits [J]. Journal of financial economics, 71 (2): 349 –380.

[122] Lev B. 2003. Corporate earnings: Facts and fiction [J]. The Journal of Economic Perspectives, 17 (2): 27 –50.

[123] Libby R, Bloomfield R, Nelson M W. 2002. Experimental research in financial accounting [J]. Accounting, Organizations and Society, 27 (8): 775 –810.

[124] Lim C Y, Tan H T. 2008. Non-audit Service Fees and Audit Quality: The Impact of Auditor Specialization [J]. Journal of accounting research, 46 (1): 199 –246.

[125] Lin J W, Hwang M I. 2010. Audit quality, corporate governance, and earnings management: A meta-analysis [J]. International Journal of Auditing, 14 (1): 57 –77.

[126] Lobo G J, Zhao Y. 2013. Relation between audit effort and financial report misstatements: Evidence from quarterly and annual restatements [J]. The Accounting Review, 88 (4): 1385 –1412.

[127] Lu T. 2006. Does opinion shopping impair auditor independence and audit quality? [J]. Journal of Accounting Research, 44 (3): 561 –583.

[128] Mangold W G. 1988. Use of commercial sources of information in the purchase of professional services: what the literature tells us

[J]. Journal of Professional Services Marketing, 3 (1 – 2):
5 – 17.

[129] Mcdaniel L S, Kinney W R. 1995. Expectation-formation guidance in the auditor's review of interim financial information [J]. Journal of Accounting Research, 33 (1): 59 – 76.

[130] Menon K, Williams D D. 2010. Investor reaction to going concern audit reports [J]. The Accounting Review, 85 (6): 2075 – 2105.

[131] Macavoy P W. , and Ira. M. Millstein. 1999. The Active Board of Directors and its Effect on Performance of the Large Publicly Traded Corporations [J]. Journal of Applied Corporate Finance, 11 (4): 8 – 20.

[132] Mitra S, Deis D R, Hossain M. 2009. The association between audit fees and reported earnings quality in pre-and post-Sarbanes-Oxley regimes [J]. Review of Accounting and Finance, 8 (3): 232 – 252.

[133] Mutchler J F, Hopwood W, Mckeown J M. 1997. The influence of contrary information and mitigating factors on audit opinion decisions on bankrupt companies [J]. Journal of Accounting Research, 35 (2): 295 – 310.

[134] Myers J N, Myers L A, Palmrose Z-V, et al. 2005. The length of auditor-client relationships and financial statement restatements [R]. SSRN working paper system.

[135] Palmrose Z-V. 1988. 1987 Competitive Manuscript Co-Winner: An analysis of auditor litigation and audit service quality [J]. Accounting review, 63 (1): 55 – 73.

[136] Palmrose Z-V. 2010. Balancing the costs and benefits of auditing

and financial reporting regulation post-SOX, Part I: Perspectives from the nexus at the SEC [J]. Accounting Horizons, 24 (2): 313 – 326.

[137] Palmrose Z-V, Richardson V J, Scholz S. 2004. Determinants of market reactions to restatement announcements [J]. Journal of accounting and economics, 37 (1): 59 – 89.

[138] Payne J L, Jensen K L. 2002. An examination of municipal audit delay [J]. Journal of Accounting and Public Policy, 21 (1): 1 – 29.

[139] Plumlee M, Yohn T L. 2008 An analysis of the underlying causes of restatements [R]. SSRN working paper system.

[140] Reynolds J K, Francis J R. 2000. Does size matter? The influence of large clients on office-level auditor reporting decisions [J]. Journal of accounting and economics, 30 (3): 375 – 400.

[141] Richardson S, Tuna I, Wu M. 2003. Capital market pressures and earnings management: The case of earnings restatements [R]. University of Pennsylvania working paper.

[142] Richardson S A, Tuna A, Wu M. 2002. Predicting earnings management: The case of earnings restatements [R]. SSRN working paper system.

[143] Riley J G. 1979. Testing the educational screening hypothesis [J]. The journal of political economy, (87): S227 – S252.

[144] Riley J G. 1979. Informational equilibrium [J]. Econometrica: Journal of the Econometric Society, 40 (2): 331 – 359.

[145] Riley J G. 1985. Competition with hidden knowledge [J]. Journal of Political Economy, 93 (5): 958 – 976.

[146] Ross S A. 1973. The economic theory of agency: The principal's

problem [J]. The American Economic Review, 63 (2):
134 – 139.

[147] Roychowdhury S. 2006. Earnings management through real activities manipulation [J]. Journal of accounting and economics, 42 (3): 335 –370.

[148] Scholz S. 2008. The changing nature and consequences of public company financial restatements. The US Department of the Treasury.

[149] Schwartz K B, Menon K. 1985. Auditor switches by failing firms [J]. Accounting Review, 60 (2): 248 –261.

[150] Sharma D S, Sidhu J. 2001. Professionalism vs Commercialism: The Association Between Non-Audit Services (NAS) and Audit Independence [J]. Journal of Business Finance & Accounting, 28 (5 –6): 563 –594.

[151] Simunic D A. 1980. The pricing of audit services: Theory and evidence [J]. Journal of accounting research, 18 (1): 161 –190.

[152] Simunic D A, Stein M T. 1987 Product differentiation in auditing: Auditor choice in the market for unseasoned new issues [M]. Canadian Certified General.

[153] Spence A M. 1974 Market signaling: Informational transfer in hiring and related screening processes [R]. Harvard Universty working paper.

[154] Spence M. 1973. Job market signaling [J]. The quarterly journal of Economics, 87 (3): 355 –374.

[155] Srinivasan S. 2005. Consequences of financial reporting failure for outside directors: Evidence from accounting restatements and audit committee members [J]. Journal of Accounting Research, 43 (2): 291 –334.

[156] Tagesson T, Sjödahl L, Collin S-O, et al. 2006. Does auditor rotation influence audit quality: the contested hypotheses tested on Swedish data [R] Kristianstad University Working paper.

[157] Talmor E. 1981. Asymmetric information, signaling, and optimal corporate financial decisions [J]. Journal of Financial and Quantitative Analysis, 16 (4): 413 – 435.

[158] Tang P C, Lansky D. 2005. The missing link: bridging the patient-provider health information gap [J]. Health Affairs, 24 (5): 1290 – 1295.

[159] Teoh S H, Wong T. 1993. Perceived auditor quality and the earnings response coefficient [J]. Accounting Review, 68 (2): 346 – 366.

[160] Tirole J. 1986. Hierarchies and bureaucracies: On the role of collusion in organizations [J]. Journal of Law, Economics, & Organization, 2 (2): 181 – 214.

[161] Titman S, Trueman B. 1986. Information quality and the valuation of new issues [J]. Journal of Accounting and Economics, 8 (2): 159 – 172.

[162] Vanstraelen A. 2000. Impact of renewable long-term audit mandates on audit quality [J]. European Accounting Review, 9 (3): 419 – 442.

[163] Watts R L, Zimmerman J L. 1986. Positive accounting theory [R]. SSRN working paper system.

[164] Whisenant S, Sankaraguruswamy S, Raghunandan K. 2003. Evidence on the joint determination of audit and non-audit fees [J]. Journal of Accounting Research, 41 (4): 721 – 744.

[165] Willenborg M. 1999. Empirical analysis of the economic demand

for auditing in the initial public offerings market ［J］．Journal of Accounting Research，37（1）：225 –238.

［166］ Williamson O E. 1985 The economic intstitutions of capitalism ［M］．Simon and Schuster.

［167］ Woodland A M，Reynolds J K，Scholar C D. 2003. Restatements and audit quality ［R］．Working paper.

［168］ Xu T，Najand M，Ziegenfuss D. 2006. Intra-industry effects of earnings restatements due to accounting irregularities ［J］．Journal of Business Finance & Accounting，33（5 –6）：696 –714.

［169］ Zang Z J，Cutcutache I，Poon S L，et al. 2012. Exome sequen-cing of gastric adenocarcinoma identifies recurrent somatic muta-tions in cell adhesion and chromatin remodeling genes ［J］．Na-ture genetics，44（5）：570 –574.

［170］ 蔡春、鲜文铎：《会计师事务所行业专长与审计质量相关性的检验——来自中国上市公司审计市场的经验证据》，《会计研究》2007 年第 6 期，第 41—47 页。

［171］ 曹强、葛晓舰：《事务所任期，行业专门化与财务重述》，《审计研究》2009 年第 6 期，第 59—68 页。

［172］ 曹强、胡南薇、王良成：《客户重要性，风险性质与审计质量——基于财务重述视角的经验证据》，《审计研究》2012 年第 6 期，第 60—70 页。

［173］ 曹琼、卜华、杨玉凤等：《盈余管理，审计费用与审计意见》，《审计研究》2013 年第 6 期，第 1—13 页。

［174］ 曾亚敏、张俊生：《会计师事务所合并对审计质量的影响》，《审计研究》2010 年第 5 期，第 53—60 页。

［175］ 陈杰平、苏锡嘉、吴溪：《异常审计收费与不利审计结果的改善》，《中国会计与财务研究》2005 年第 4 期，第 1—

28 页。

[176] 陈丽英、李婉丽：《二市公司盈余重述问题研究》，《财会月刊：会计版》（上）2013 年第 11 期，第 6—9 页。

[177] 陈丽英、李婉丽、吕怀立：《盈余重述归因分析——资产负债表膨胀的角度》，《南开管理评论》2013 年第 6 期，第34—43 页。

[178] 陈凌云：《年报补充及更正公告的信息含量研究》，《湘潭大学学报》（哲学社会科学版）2009 年第 5 期，第 93—99 页。

[179] 陈晓敏：《财务重述公司盈余持续性研究——基于中国上市公司年报重述的经验数据》，《前沿》2011 年第 10 期，第 108—110 页。

[180] 陈晓敏、胡玉明：《财务重述公司盈余反应系数研究——基于中国上市公司年报财务重述的经验证据》，《证券市场导报》2011 年第 10 期，第 1—7 页。

[181] 陈艳萍、杨淑娥：《我国注册会计师审计市场集中度与竞争态势分析》，《审计与经济研究》2010 年第 3 期，第 39—45 页。

[182] 董秀琴、柳木华：《行业专长与审计质量——基于投资者和财务报告视角的经验研究》，《证券市场导报》2010 年第 4期，第 61—66 页。

[183] 杜兴强、郭剑花：《审计师变更与审计意见购买：一项经验研究》，《山西财经大学学报》2008 年第 11 期，第 101—106 页。

[184] 段春明、王华：《中外审计质量测度方法的选择与比较》，《财会月刊：会计版》（上）2008 年第 12 期，第 38—40 页。

[185] 段特奇、陆静、石恒贵：《异常审计费用与审计质量的关系研究》，《财经问题研究》2013 年第 7 期，第 117—122 页。

［186］方军雄：《转型经济中声誉机制有效性研究——来自中国审计市场的证据》，《财经研究》2011年第12期，第16—26页。

［187］方军雄、洪剑峭：《异常审计收费与审计质量的损害——来自中国审计市场的证据》，《中国会计评论》2009年第4期，第425—442页。

［188］耿建新、杨鹤：《我国上市公司变更会计师事务所情况的分析》，《会计研究》2001年第4期，第57—62页。

［189］龚凯颂：《会计监督与财务监督，审计监督》，《现代会计》2000年第2期，第29—31页。

［190］龚启辉、李琦、吴联生：《政府控制对审计质量的双重影响》，《会计研究》2011年第8期，第68—75页。

［191］顾鸣润、田存志：《IPO后业绩变脸与真实盈余管理分析》，《统计与决策》2012年第1期，第164—167页。

［192］郭照蕊：《国际四大与高审计质量》，《审计研究》2011年第1期，第1—11页。

［193］何威风、刘启亮、罗乐：《债务监督效应：基于财务重述的实证研究》，《山西财经大学学报》2013年第3期，第113—124页。

［194］贺建刚、孙铮、唐清亮：《风险，机会与碳管理应对偏差——基于CDP的实证检验》，《经济管理》2013年第10期，第181—191页。

［195］贺建刚、孙铮、周友梅：《金字塔结构、审计质量和管理层讨论与分析——基于会计重述视角》，《审计研究》2013年第6期，第68－75＋112页。

［196］雷光勇、崔文娟：《现代审计产权论》，《审计与经济研究》2001年第16卷第4期，第18—21页。

[197] 李常青：《上市公司会计信息披露质量研究——基于年报重述视角》，《上证联合研究计划第 19 期课题》2008 年第 9 期。

[198] 李东平、黄德华：《不清洁 审计意见，盈余管理与会计师事务所变更》，《会计研究》2001 年第 6 期，第 51—57 页。

[199] 李锋森、李常青：《上市公司管理层讨论与分析的有用性研究》，《证券市场导报》2008 年第 12 期，第 67—73 页。

[200] 李红梅、申丹琳：《基于融资需求的财务重述研究——来自中国资本市场 2009—2010 年的证据》，《财务与金融》2012 年第 3 期，第 10—15 页。

[201] 李平、张丽：《审计意见购买行为实证研究》，《经济研究导刊》2013 年第 34 期，第 109—111 页。

[202] 李世新、刘兴翠：《上市公司财务重述公告的市场反应与行业传递效应研究》，《管理评论》2012 年第 24 卷第 5 期，第 137—143 页。

[203] 李爽、李辉、吴溪：《审计师变更的市场反应：初步的经验证据》，《证券市场导报》2001 年第 10 期，第 4—10 页。

[204] 李爽、吴溪：《审计意见的市场反应：可避性假设下的模型解析与启示》，《会计研究》2001 年第 6 期，第 58—63 页。

[205] 李爽、吴溪：《审计师变更的监管思想，政策效应与学术含义——基于 2002 年中国注册会计师协会监管措施的探讨》，《会计研究》2002 年第 11 期，第 32—36 页。

[206] 李爽、吴溪：《后中天勤时代的中国证券审计市场》，《会计研究》2005 年第 6 期，第 10—15 页。

[207] 李晓：《审计费用，审计意见与公司经营风险关联性分析——来自中国证券市场的经验证据》，《财会通讯：综合》（下）2014 年第 12 期，第 34—37 页。

[208] 刘峰、郭永祥：《会计师事务所与上市公司审计合谋的经济分析》，《经济体制改革》2002 年第 3 期，第 138—142 页。

[209] 刘峰、许菲：《风险导向型审计，法律责任，审计质量 - 兼论 五大 在我国审计市场的行为》，《会计研究》2002 年第 2 期，第 35—41 页。

[210] 刘峰、周福源：《国际四大意味着高审计质量吗——基于会计稳健性角度的检验》，《会计研究》2007 年第 3 期，第 79—87 页。

[211] 刘海娟：《审计意见购买行为动机与特征分析——基于证监会处罚决定书的实证研究》，《财会通讯：综合》（下）2015 年第 7 期，第 30—32 页。

[212] 刘行健、王开田：《会计师事务所转制对审计质量有影响吗?》，《会计研究》2014 年第 4 期，第 88 - 94 +96 页。

[213] 刘明辉、李黎、张羽：《我国审计市场集中度与审计质量关系的实证分析》，《会计研究》2003 年第 7 期，第 37—41 页。

[214] 刘笑霞、李明辉：《行政处罚能提高审计质量吗? ——基于中国证监会 2008—2010 年行政处罚案的经验研究》，《证券市场导报》2013 年第 6 期，第 27 - 32 +42 页。

[215] 刘媛媛、王邵安：《上市公司更正公告的市场反应研究》，《宏观经济研究》2013 年第 9 期，第 98 - 105 +118 页。

[216] 刘运国、麦剑青：《论四大会计师事务所的审计质量——来自中国证券市场的初步证据》，《中山大学学报：社会科学版》2006 年第 46 卷第 3 期，第 118—123 页。

[217] 陆建桥：《中国亏损上市公司盈余管理实证研究》，《会计研究》1999 年第 9 期，第 25—35 页。

[218] 陆正飞、童盼：《审计意见，审计师变更与监管政策——一

项以 14 号规则为例的经验研究》,《审计研究》2003 年第 3
期,第 30—35 页、

[219] 吕先锫、王伟:《注册会计师非标准审计意见影响因素的实
证研究——来自中国证券市场的行业经验证据》,《审计研
究》2007 年第 1 期,第 51—58 页。

[220] 潘克勤:《政治关联、财务年报恶意补丁与债务融资契
约——基于民营上市公司实际控制人政治身份的实证研
究》,《经济经纬》2012 年第 2 期,第 75—80 页。

[221] 瞿旭、杨丹、瞿彦卿等:《创始人保护,替罪羊与连坐效
应——基于会计违规背景下的高管变更研究》,《管理世界》
2012 年第 5 期,第 137—151 页。

[222] 邵学峰:《马克思主义利益观,公平分配与中国税制改革》,
《理论前沿》2008 年第 2 期,第 22—24 页。

[223] 申富平、丁含、郭颖:《会计师事务所对审计意见购买的影
响因素研究:博弈论的视角》,《河北经贸大学学报》2013
年第 34 卷第 2 期,第 70—74 页。

[224] 石绍炳:《审计师变更与审计意见购买的关系研究》,《技术
经济》2008 年第 27 卷第 2 期,第 120—127 页。

[225] 宋衍蘅、付皓:《事务所审计任期会影响审计质量吗？——
来自发布补充更正公告的上市公司的经验证据》,《会计研
究》2012 年第 1 期,第 75—80 页。

[226] 孙宝厚:《关于全面审计质量控制若干关键问题的思考》,
《审计文摘》2008 年第 6 期,第 12—17 页。

[227] 唐跃军:《审计收费,审计委员会与意见购买——来自
2004—2005 年中国上市公司的证据》,《金融研究》2007 年
第 4 期,第 114—128 页。

[228] 唐跃军:《审计收费,审计师变更与意见购买》,《财经理论

与实践》2009 年第 30 卷第 5 期，第 57—61 页。

［229］唐跃军：《不利意见，审计费用与意见购买》，《证券市场导报》2010 年第 1 期，第 40—47 页。

［230］唐跃军：《审计质量 VS. 信号显示——终极控制权、大股东治理战略与审计师选择》，《金融研究》2011 年第 5 期，第 139—155 页。

［231］王爱国、尚兆燕：《法律惩戒，审计意见与审计变通行为——来自上市公司的数据》，《审计研究》2010 年第 2 期，第 54—61 页。

［232］王蓓、姚惠宇、马丽亚：《金字塔式持股结构的纵向层级，横向跨度与公司价值——来自中国上市公司的实证研究》，《财政研究》2013 年第 9 期，第 60—64 页。

［233］王兵、鲍国明：《国有企业内部审计实践与发展经验》，《审计研究》2013 年第 2 期，第 76—81 页。

［234］王兵、李晶、苏文兵：《行政处罚能改进审计质量吗？——基于中国证监会处罚的证据》，《会计研究》2011 年第 12 期，第 86—92 页。

［235］王春飞：《道德困境与审计意见购买》，《审计研究》2006 年第 5 期，第 73—78 页。

［236］王金圣、王霞、张为国：《审计意见收买研究综述》，《财贸研究》2007 年第 2 期，第 135—141 页。

［237］王萍、尚应雷：《我国上市公司财务报告重述的市场效应分析》，《中国乡镇企业会计》2011 年第 1 期，第 90—92 页。

［238］王霞、徐晓东：《审计重要性水平、事务所规模与审计意见》，《财经研究》2009 年第 1 期，第 37—48 页。

［239］王霞、张为国：《财务重述与独立审计质量》，《审计研究》2005 年第 3 期，第 56—61 页。

[240] 王啸、杨正洪：《论财务报告的重新表述》，《证券市场导报》2003 年第 2 期，第 4—9 页。

[241] 王亚平、吴联生、白云霞：《中国上市公司盈余管理的频率与幅度》，《经济研究》2005 年第 12 期，第 102—112 页。

[242] 王毅辉、魏志华：《财务重述研究述评》，《证券市场导报》2008 年第 3 期，第 55—60 页。

[243] 王志亮、郭玉清：《我国审计市场结构现状分析》，《现代商贸工业》2015 年第 18 期，第 10—11 页。

[244] 魏志华、李常青、王毅辉：《中国上市公司年报重述分析：1999—2007》，《证券市场导报》2009 年第 6 期，第 31—38 页。

[245] 吴昊旻、吴春贤、杨兴全：《惩戒风险，事务所规模与审计质量——来自中国审计市场的经验证据》，《审计研究》2015 年第 1 期，第 13 页。

[246] 吴联生：《审计意见购买：行为特征与监管策略》，《经济研究》2005 年第 7 期，第 66—76 页。

[247] 吴联生、谭力：《审计师变更决策与审计意见改善》，《审计研究》2005 年第 2 期，第 34—40 页。

[248] 伍利娜：《揭开审计收费之谜》，《中国会计评论》2005 年第 1 期，第 211—212 页。

[249] 伍利娜、王春飞、陆正飞：《企业集团统一审计能降低审计收费吗》，《审计研究》2012 年第 1 期，第 69—77 页。

[250] 夏立军：《盈余管理计量模型在中国股票市场的应用研究》，《中国会计与财务研究》2003 年第 5 卷第 2 期，第 94—154 页。

[251] 徐浩萍：《会计盈余管理与独立审计质量》，《会计研究》2004 年第 1 期，第 44 - 49 + 96 页。

［252］徐荣华：《审计意见购买：理论分析与治理路径》，《财经科学》2010 年第 9 期，第 105—114 页。

［253］杨和雄：《A 股上市公司审计意见购买研究》，《审计与经济研究》2009 年第 24 卷第 1 期，第 40—45 页。

［254］尤丽芳：《我国上市公司财务重述的动因研究》，《商业经济》2009 年第 2 期，第 77—79 页。

［255］游家兴、徐盼盼、陈淑敏：《政治关联，职位壕沟与高管变更——来自中国财务困境上市公司的经验证据》，《金融研究》2010 年第 4 期，第 128—143 页。

［256］于霄、马施：《审计师变更与审计意见购买研究》，《中国注册会计师》2009 年第 9 期，第 24—27 页。

［257］余玉苗、田娟、朱业明：《审计合谋的一个博弈均衡分析框架》，《管理科学学报》2007 年第 10 卷第 4 期，第 32—37 页。

［258］喻少华、张立民：《基于中报视角的审计质量研究》，《财会月刊：会计版》2005 年第 8 期，第 37—38 页。

［259］喻小明、聂新军、刘华：《事务所客户重要性影响审计质量吗？——来自 A 股市场 2003—2006 年的证据》，《会计研究》2008 年第 10 期，第 66—72 页。

［260］约翰、海普、于小旺等：《审计质量和经济结构》，《会计研究》2002 年第 6 期，第 12—16 页。

［261］翟华云：《公司治理，高管变更与收益重述》，《财会通讯：综合》（下）2010 年第 4 期，第 9—11 页。

［262］詹森、麦克林：《所有权，控制权与激励》，陈郁译，上海三联书店 1976 年版，第 1—67 页。

［263］张俊瑞、马晨：《股权结构与财务重述研究》，《审计与经济研究》2011 年第 2 期，第 63—72 页。

[264] 张奇峰、王俊秋、王建新：《上市公司长期资产减值转回的理论与实证研究》，《财经论丛》2007 年第 3 期，第 80—85 页。

[265] 张奇峰、张鸣、王俊秋：《公司控制权安排影响外部审计需求吗？——以上市公司的审计师选择及其审计费用为例》，《中国会计与财务研究》2007 年第 1 期，第 46—109 页。

[266] 张为国、王霞：《中国上市公司会计差错的动因分析》，《会计研究》2004 年第 4 期，第 24—29 页。

[267] 张翼、时菲、宋长明：《制造业上市公司财务重述传染效应的实证分析》，《经营与管理》2014 年第 4 期，第 94—96 页。

[268] 杨忠海、周晓苏、冯明：《政府最终控制，控股股东行为与财务报告透明度——中国 A 股市场上市公司的经验证据》，中国会计学会财务成本分会 2011 年年会暨第二十四次理论研讨会论文集，2011.

[269] 周晓苏、周琦：《基于盈余管理动机的财务重述研究》，《当代财经》2011 年第 2 期，第 109—117 页。

[270] 周洋、李若山：《二市公司年报 补丁 的特征和市场反应》，《审计研究》2007 年第 4 期，第 67—73 页。

[271] 周长青、章永奎：《盈余管理测度研究综述》，《石家庄经济学院学报》2001 年第 3 期，第 263—268 页。

[272] 朱春艳、伍利娜：《上市公司违规问题的审计后果研究——基于证券监管部门处罚公告的分析》，《审计研究》2009 年第 4 期，第 42—51 页。

[273] 朱小平、郭志英：《不更换会计师事务所条件下审计费用增加的信息含量研究——不更换会计师事务所条件下审计意见购买的线索分析》，《审计研究》2006 年第 2 期，第 64—68 页。